ORIXÁS NA UMBANDA

UM DEUS, SETE LINHAS E MUITOS ORIXÁS

ALEXÂNDRE CUMINO

ORIXÁS NA UMBANDA

UM DEUS, SETE LINHAS E MUITOS ORIXÁS

MADRAS®

© 2025, Madras Editora Ltda.

Editor:
Wagner Veneziani Costa (*in memoriam*)

Capa:
Fábio Vieira

Revisão:
Silvia Massimini Felix
Ana Paula Luccisano

Dados Internacionais de Catalogação na Publicação (CIP)
(Câmara Brasileira do Livro, SP, Brasil)

Cumino, Alexândre
Orixás na umbanda : um Deus, sete linhas e muitos orixás / Alexândre Cumino. -- 2. ed. -- São Paulo : Madras Editora, 2025.
Bibliografia.

ISBN 978-65-5620-070-5

1. Orixás 2. Religiões afro-brasileiras 3. Umbanda 4. Umbanda (Culto) - Rituais I. Título.

24-189575   CDD-299.60981

Índices para catálogo sistemático:
1. Orixás : Umbanda : Religiões afro-brasileiras 299.60981
Tábata Alves da Silva - Bibliotecária - CRB-8/9253

É proibida a reprodução total ou parcial desta obra, de qualquer forma ou por qualquer meio eletrônico, mecânico, inclusive por meio de processos xerográficos, incluindo ainda o uso da internet, sem a permissão expressa da Madras Editora, na pessoa de seu editor (Lei nº 9. 610, de 19/2/1998).

Todos os direitos desta edição reservados pela

MADRAS EDITORA LTDA.
Rua Paulo Gonçalves, 88 – Santana
CEP: 02403-020 – São Paulo/SP
Tel.: (11) 2281-5555 – (11) 98128-7754
www.madras.com.br

ÍNDICE

PREFÁCIO 9
INTRODUÇÃO 13
UM DEUS, MUITAS DIVINDADES 16
DIVINDADES 19
REFLEXÕES OPORTUNAS 21
    Panenteísmo 22
    Monopoliteísmo 22
TRONOS DE DEUS 23
DIVINDADES E DIVINDADES – HIERARQUIAS DOS TRONOS DE DEUS 26
SIMBOLISMO DE DEUS NOS NÚMEROS 31
SETE MISTÉRIOS – O NÚMERO 7 34
SETE LINHAS DE UMBANDA 38
    Rubens Saraceni e as Sete Linhas de Umbanda 47
SINCRETISMO UMBANDISTA 50
    Mas e a Umbanda? 50
    Uma Questão de Opinião 51
    Outros Casos 51
ORIXÁS SÃO SANTOS? 54
ORIXÁS SÃO ANJOS? 57
ORIXÁS SÃO PLANETAS? 59
ORIXÁS, A QUEM PERTENCEM? 60
NOVOS ORIXÁS NA UMBANDA 62
ESTUDAR OU ENTENDER 68
ORIXÁS NA UMBANDA 71

A DANÇA DOS ORIXÁS 76
COSMOGONIA DOS ORIXÁS 80
ORIXÁS CÓSMICOS E UNIVERSAIS.. 85
ORIXÁS UNIVERSAIS 88
PAI OXALÁ 89
MÃE OXUM 94
PAI OXÓSSI 99
PAI XANGÔ 102
PAI OGUM 105
PAI OBALUAIÊ 108
MÃE IEMANJÁ 110
ORIXÁS CÓSMICOS 114
MÃE LOGUNAN 115
PAI OXUMARÉ 118
MÃE OBÁ 120
MÃE OROINÁ (MÃE EGUNITÁ) 123
MÃE IANSÃ 126
MÃE NANÃ BUROQUÊ 129
PAI OMOLU 131
ORIXÁ EXU 133
ORIXÁ POMBAGIRA 136
APÊNDICE 140
MITOLOGIA PARA UMBANDA 140
OXALÁ: A FÉ QUE NOS CONDUZ 142
JESUS, O DIABO E A UMBANDA... 144
IEMANJÁ É POP 146
ORIXÁS EM FORMAS HUMANA... 149
SERES ELEMENTAIS, ENCANTADOS OU NATURAIS 151
OFERENDAS E PONTOS DE FORÇA DA NATUREZA 154
CHACRAS E ORIXÁS... 156
MARIA NA UMBANDA: ENTRE SANTOS E ORIXÁS................. 160
   1. Introdução.. 160
   2. Objetivo 160
   3. Maria na História da Umbanda 161

4. Maria no Altar de Umbanda 162
5. Um Olhar Sociológico 162
6. Festa de Iemanjá 163
7. Quatro Olhares para o Sincretismo Afro-católico na Umbanda. 164
8. Uma Nova Experiência de Maria na Umbanda 165
9. Conclusão 166
Bibliografia 166
TEXTOS ANEXOS 168
ANEXO I 168
ANEXO II 175
Gênese das Religiões 175
Revelação 177

Oxalá em mim

aceita, reconhece e saúda

Oxalá em você!

Alexândre Cumino

PREFÁCIO

É natural e comum que tenhamos sempre uma visão mais distorcida da realidade baseada em nós mesmos, ou seja, normalmente tomamos por realidade geral aquilo que vivemos ou entendemos. Esta minha afirmação antecede minha surpresa, pois por incrível que pareça um número muito grande de umbandistas e terreiros de Umbanda não pratica um culto aos Orixás de forma clara e foca nas entidades e santos, por exemplo. Quando digo que isso é surpreendente, é porque a Umbanda como pratico gira sua crença em torno dos Orixás de uma forma genuinamente umbandista, e por um tempo me vi acreditando que isso pudesse ser natural para todos os umbandistas.

Este é um ponto e não vem ao caso deliberar se a Umbanda que cultua Orixá é mais Umbanda do que a que não cultua ou coisa do tipo. Este seria o tipo de discussão que só desagrega e nada esclarece, mas outro ponto, por exemplo, que na prática vira uma grande questão de debates, muitas vezes inflamados e também sem produtividade, é se o Orixá na Umbanda é menos Orixá do que aquele que se manifesta no Candomblé; e esse debate caminha sempre numa defensiva passional de propriedade sobre o Orixá e que, por fim, nada resolve.

O que Alexândre Cumino traz à luz é outro viés, a compreensão teológica de que Orixá é uma Divindade manifestante em todas as culturas e tempos de forma sempre própria daquela região, cultura e período. Para entender que é possível a Umbanda cultuar Orixás conhecidos e outros "novos", é necessário abrir a mente para uma nova perspectiva, que não é mítica nem coisa que alguém falou.

O Orixá na Umbanda é palpável, dentro do rito o Orixá se manifesta, o axé se estabelece e isso é facilmente confirmado pelos médiuns que interagem com essas forças. Portanto, não é simples crença, é força Divina, é presença espiritual concreta.

Neste livro, você tem a oportunidade de descortinar uma nova possibilidade, entender o olhar umbandista sobre Deus e seu panteão (conjunto de divindades), que faz parte da sua crença e que define o modo de vida do umbandista.

Minha sugestão é que você se permita viver a experiência de reconsiderar verdades e despertar um olhar mais amplo sobre os Orixás como Divindades, verdadeiras expressões de Olorum manifestadas em sua Divina Criação.

Que os Divinos Orixás nos iluminem nesta jornada de compreensão além de nós mesmos!

Axé!

Pai Rodrigo Queiroz
Diretor da Umbanda EAD I
<www.umbandaead.com.br>

Umbanda é Religião, portanto, só pode fazer o Bem!

Alexândre Cumino

INTRODUÇÃO

Por Alexândre Cumino

Neste livro, você vai entender de uma vez por todas o que são e quem são os Orixás na religião Umbanda. Esta obra é simples, fácil de ler e muito didática, o que a torna acessível a todas as pessoas que querem este conhecimento. Os Orixás são Divindades de Deus, são manifestações divinas, isso quer dizer que são individualizações do próprio Criador em suas qualidades e sentidos. A presença das Divindades é a presença de Deus em nossas vidas.

Se compreendermos que Deus é Pai e Mãe, então entenderemos que suas Divindades, Orixás, são Pais e Mães manifestando a unidade e a diversidade divina em nossas vidas.

Deus Pai é, em si, todas as divindades masculinas ao mesmo tempo; no entanto, cada uma delas pode se manifestar de forma única como Pai Oxalá, Pai Ogum ou Pai Oxóssi, por exemplo. Deus Mãe (a Deusa) é, em si, todas as divindades femininas ao mesmo tempo; no entanto, cada uma delas pode se manifestar de forma única como Mãe Iemanjá, Mãe Oxum ou Mãe Iansã, por exemplo.

Orixás não são espíritos humanos, não tiveram nem vão ter esta experiência. Espíritos foram "criados" por Deus, Divindades são partes de Deus e esta é a grande diferença. Ainda que a Umbanda tenha absorvido muitos valores do Espiritismo, neste ponto se difere da doutrina de Allan Kardec, que considera todas as formas de vida e consciência como seres que tiveram ou vão ter uma experiência como espíritos.

Kardec chega a afirmar que mesmo os Anjos já foram espíritos como nós e que, se assim não fosse, a criação não seria perfeita em sua evolução, bem como não haveria justiça em Deus ao criar um ser imperfeito e outro perfeito. Mas Kardec não tinha o contato com esta realidade nem a consciência de que as Divindades estão em Deus, não foram "criadas" por Deus, simplesmente Elas são a manifestação e a presença Dele e, assim como Deus não tem início ou fim, Elas também não. Diferentemente de nós que fomos criados por Deus e estamos em uma jornada evolutiva de retorno a Ele.

Sim, fomos criados por Deus à sua imagem e semelhança, e isso quer dizer que temos as qualidades de Deus em nós para serem despertas e desenvolvidas. Voltar a Deus não é voltar para um local físico ou geográfico, voltar para Deus é um "lugar" na sua consciência. Quando você sentir que é UM com DEUS, então será UM com todas as coisas, será UM com a BANDA, e é aí, só aí, que seu retorno a Deus será concluído.

Quando Jesus afirma: "Eu e o Pai somos UM", é disso que Ele está falando; no entanto, todos podemos ser UM com DEUS e UM com sua BANDA ao mesmo tempo. Isso quer dizer que TUDO é UM. Nas Divindades e mesmo nos Anjos não existe essa separação. Nas Divindades porque nunca se separaram e nos Anjos porque alguns (Arcanjos, Tronos, Serafins, Querubins, Dominações, Virtudes e Potestades) também nunca se separaram e outros que foram separados ou criados, como nós, já retornaram.

Assim como a visão da Umbanda acerca de espíritos e Divindades se difere da visão do Espiritismo, da mesma forma se diferencia do Candomblé e dos cultos de nações africanas. Os Orixás têm uma origem cultural africana Nagô Yorubá; no entanto, para a Umbanda, o que importa é a Divindade em si e suas qualidades divinas. Para o Candomblé, a ancestralidade, herança cultural e religiosa que interessam. Por se tratar de duas religiões diferentes, Umbanda e Candomblé, sua interpretação e relação com os Orixás serão sempre distintas.

Para o umbandista, é importante conceber um olhar umbandista para os Orixás.

Embora exista um sincretismo entre santos católicos e Orixás, a abordagem umbandista para os santos se difere daquela da Igreja Católica, assim como não se deve confundir santos e Orixás, que não são a mesma coisa.

Sem Deus não há Orixá,
Sem Orixá não há Umbanda,
Onde há Orixá, Deus está.

Alexândre Cumino

UM DEUS, MUITAS DIVINDADES

Ninguém sabe ao certo o que é ou quem é Deus, e muito menos ainda se sabe ou se pode colocar como certezas acerca das divindades ou deidades. A grande maioria dos conceitos e especulações teóricas está atrelada a essa ou àquela religião, e eles acabam muito limitados a pequenas visões que privilegiam conceitos muitas vezes antigos e aceitos em épocas e culturas que nada têm a ver com a gente. Hoje temos um olhar muito arrojado sobre o ser humano, nossa sociedade e sobre tudo isso que chamamos de realidade.

Convido a todos que têm um interesse real de ir além do que é pequeno e local, transcender as interpretações do ego para compreender Deus e suas divindades acima da Umbanda e das religiões. Vamos aqui estudar por meio de um olhar maior o que é uma "ciência divina", um olhar de cima para baixo.

Partindo desse princípio, todo o estudo começa do topo, do Alto do Altíssimo, Deus, e vamos descendo (metaforicamente falando), passando por suas divindades e chegando ao homem em toda a sua complexidade e relação com as divindades.

Deus é o todo; divindades ou Orixás são individualizações de Deus, são manifestações da presença de Deus.

Para exemplificar esse ponto de partida, vamos pensar a trindade católica em que Deus é UM que se manifesta por meio de três "pessoas": Pai, Filho e Espírito Santo.

O mesmo se dá com os panteões de divindades em diversas culturas: Deus é UM que se manifesta por meio de muitas "pessoas", muitas divindades. E é por isso que o conceito de politeísmo hoje é muito questionado, como vamos ver mais à frente.

Vamos agora pensar na trindade hindu, milhares de anos mais antiga que a trindade católica e possivelmente um exemplo para a criação desta.

Um Deus único, Braman, se manifesta por meio de três pessoas, Brama, Vishnu e Shiva, que se manifestam junto de seus pares Sarasvati, Lakshimi e Parvati. Assim como na trindade católica, cada uma dessas três, ou melhor, seis "pessoas" (divindades) é Braman (Deus). E todas as outras divindades são desdobramentos destas ou simplesmente outras manifestações de Deus.

As partes ou pessoas masculinas são "O Deus", as partes ou pessoas femininas são "A Deusa".

Shiva faz par com Parvati e ao mesmo tempo com Durga e Kaly. Acredita-se que Durga é a mesma Parvati Guerreira e que Kaly é a mesma Parvati Irada. São questões de pontos de vista em que todas as divindades são desdobramentos de uma só divindade raiz ou mãe. Desse olhar podemos chegar aos conceitos de Grande Mãe ou Grande Deusa em diversas culturas. Agora pegue esses olhares e coloque acima de tudo e de todos, acima das culturas, etnias e religiões, então você tem um olhar de uma "ciência divina", e é esse o nosso olhar aqui para Deus, as divindades e a Umbanda.

Traga esse conceito para o universo dos Orixás e você vai entender o que é um Orixá, o que é uma divindade, o que é um trono e por que todos eles são pais e mães, simplesmente porque Deus é Pai e Mãe e se manifesta por meios dos Orixás e de todas as divindades de todas as outras culturas e religiões.

Para auxiliar essa compreensão, podemos entender que Deus é "essência" que se manifesta por diferentes "formas", como a água que pode ocupar diferentes copos feitos de materiais (culturas) diferentes e formas (divindades) diferentes. Podemos ainda dizer que essa água pode se dividir em diversos tipos de águas para cada copo sem deixar de ser água tão somente, e que Deus é essa água que terá sabores distintos em copos ou taças dessemelhantes.

As formas mudam e assim podemos dizer que uma forma não é igual à outra ou que são "coisas" distintas, sem medo de errar, mas ao mesmo tempo podem ser de mesma essência.

Poderão dizer que Alá é diferente de Adonai e este de Braman, Tupã, Olorum, Zambi, Aton, Wakan Tanka, Jah... Sim, são diferentes na forma, desde a diferença na língua e cultura de origem até a diferença ritual e doutrinária de cada religião, ao se conectar ou relacionar-se com Deus, por essas formas variadas. Logo, UM não é a "mesma coisa" que OUTRO, mas guardam a mesma "essência primeira" e "original". É Deus em suas variadas formas, em todos os casos anteriores e muitos outros estamos nos referindo ao mesmo "princípio – essencial".

Podemos dizer que Deus está acima de todas as formas e culturas e que ao mesmo tempo Ele faz parte de todas as formas e culturas. Deus é e está em todas as suas representações de maneira coletiva e em cada uma delas de modo individual. Assim, posso concluir que Deus está acima dessas "máscaras" que são Alá, Adonai, Olorum, Braman, Zambi, Tupã, etc. E ao mesmo tempo Ele (Deus) está manifesto em todos Eles e também posso dizer que Ele é cada um Deles de forma individual. Na prática, posso dizer que só Alá é Deus e ao mesmo tempo dizer que Alá é Deus e Zambi também.

Então, explicando: quando se diz que Alá é o único Deus, está certo, pois Zambi não é outro Deus e sim um outro nome para o mesmo Deus, logo posso dizer que Zambi e Alá são o único Deus, o que inclui todos os outros nomes para Deus único.

DIVINDADES

Assim como temos muitos nomes e formas para um único Deus, o mesmo podemos observar com as divindades de Deus. A grande diferença entre Deus e as divindades é que são individualizações de Deus.

Se Alá, Braman, Jeová, Zambi, Olorum e Adonai são diferentes nomes de diferentes culturas ou religiões para se referir ao mesmo Deus único, então temos algo idêntico quando citamos Oxum, Afrodite, Vênus, Hathor e Freija: são nomes distintos de diferentes culturas ou religiões para se referir a uma mesma divindade feminina do amor.

Deus é infinito em todos os sentidos. Uma divindade do amor é infinita no sentido do amor. Uma divindade da justiça é infinita na justiça. Uma divindade da fé é infinita na fé. Deus é infinito no amor, na fé, na justiça, etc. Ou melhor, infinitos *et cetera*.

Podemos dizer que existe algo como uma matriz de Deus que se manifesta por muitas formas e muitos nomes de modo integral (um Deus com muitos nomes) e de forma parcial (muitas divindades com muitos nomes). Uma matriz de Deus e muitas matrizes de divindades de Deus em Deus. Sei que estou sendo repetitivo, no entanto lhe convido a filosofar, poetizar e viajar nessa onda, nessa ideia, nesse conceito divino e sagrado.

Há então uma divindade feminina do amor que é o amor de Deus no aspecto feminino, que é Deus individualizado em sua qualidade feminina do amor e que se manifesta por meio de diversas formas, nomes e culturas. Como exemplo de divindades femininas do amor, podemos citar Oxum, Afrodite, Vênus, Lakshimi, Hathor, Freija e outras mais.

Pai Benedito de Aruanda, por meio da obra de Rubens Saraceni, foi quem nos explicou esse conceito e nos deu essa visão e forma de olhar para as divindades de Deus e os Orixás em específico. A essas divindades em sua essência mais pura, acima dos nomes e roupagens culturais, Pai Benedito chama de Tronos de Deus. Por isso aqui, quando falamos em Trono Feminino do Amor, estamos falando dessa divindade que na Umbanda é Oxum e que em outras culturas é Afrodite, Vênus, Lakshimi, etc. Logo, Oxum é uma das formas de o Trono Feminino do Amor se manifestar. Trono é aquilo que está assentado, Tronos de Deus são aquilo que está assentado em Deus ou, em uma outra leitura, o que está diante ou unido ao Trono de Deus. Tronos, em outras palavras, são as individualizações de Deus, são a presença de Deus em suas diversas qualidades. Entenda a palavra "Trono" como sinônimo de "divindade", no entanto é uma classe de divindades. Os "Orixás" são uma leitura ou visão cultural e religiosa dessa classe de divindades à qual chamamos de "Tronos". Essa é a classe de divindades que entre outras funções lidam de maneira direta conosco, seres humanos.

Agora que você leu tudo isso, respire um pouco, beba uma água, reflita, medite e não tenha pressa em entender tudo de uma vez. Esses conceitos são como "fichas" que às vezes demoram a cair, mas que quando caem parecem ter um sentido tão grande e tão amplo que se estabelecem como uma verdade na qual inclui os diversos olhares ou os olhares diversos em um único olhar mais amplo que nos permite ver todos os outros olhares com inclusão e respeito. Ufa, respire mais um pouquinho que esse conceito é o "a chave" para entender Deus, as divindades e os Orixás de uma forma totalmente universalista e inclusiva.

REFLEXÕES OPORTUNAS

O maior mitólogo de todos os tempos, Joseph Campbell, afirma que "os mitos se repetem nas culturas diversas", quer dizer que vemos os mesmos heróis e as mesmas histórias com pequenas alterações de uma cultura para outra, apresentando arquétipos (modelos) que revelam e ocultam as "chaves de interpretação" de nossa realidade, do transcendente e do sagrado.

Segundo Carl Gustav Jung, esses arquétipos estão no inconsciente coletivo, ou seja, em uma "memória inconsciente" que não pertence a ninguém e ao mesmo tempo pertence a todos, permeia todas as culturas e raças, não conhece limites de tempo nem espaço.

Mircea Eliade, o maior de todos os pesquisadores e estudiosos de história das religiões de forma comparada, afirma que os "fatos religiosos" se repetem ao infinito, em culturas e religiões diferentes.

Em nossa interpretação, essas repetições se dão porque tudo tem uma mesma origem divina da qual as divindades são parte inseparável e o homem é "imagem e semelhança" por meio de sua origem divina.

Rubens Saraceni e Pai Benedito afirmam que "Deus cria e se multiplica o tempo todo", "Deus cria em si e a partir de si, em si mesmo Ele cria as divindades e a partir de si cria os seres em evolução e suas realidades ou mundos", ao mesmo tempo Ele está em tudo e todos, pois: "somos uma parte Dele e Ele é todos nós, por inteiro".

Como os estudos de religião e a interpretação dos fatos religiosos evoluem, surgem novas formas de abordar e interpretar os mistérios, de dentro para fora da religião e de fora para dentro dela. Também surgem novas palavras para definir esses novos conceitos até então inéditos, como os exemplos seguintes:

Panenteísmo

Há uma diferença entre afirmar que "tudo é Deus" e afirmar que "Deus está em tudo"; a primeira afirmação se define por "panteísmo", a segunda ganhou um neologismo chamado "panenteísmo". Podemos dizer que nós umbandistas somos "panenteístas" pois "vemos" e reconhecemos Deus em tudo, sem no entanto confundir o todo com as partes.

Monopoliteísmo

Da mesma forma, reconhecemos um Deus único e suas divindades, quem crê em um Deus único é monoteísta, quem crê em muitos deuses é "politeísta"; também há um neologismo para quem crê em um Deus único e muitas divindades, que manifestam suas qualidades: "monopoliteísmo". Também podemos dizer que somos, nós umbandistas, "monopoliteístas", monoteístas com relação ao Deus único e politeístas com relação às suas divindades.

Apenas para refletirmos que há novas formas de pensar e compreender mistérios antigos e ancestrais, uma outra maneira é esta, identificar um "Trono" como divindade primeira que se manifesta por meio de muitos nomes e roupagens diferentes nas diversas culturas, reconhecendo que estamos sempre reverenciando ao mesmo Deus com outros nomes e às mesmas divindades (Tronos de Deus) por outras formas.

Esse saber inclusivo[1] nos faz reconhecer o outro como igual e a religião do outro tão sagrada como a nossa, o que faz valer todas as vertentes religiosas e a nenhuma diminui. Também é neologismo atribuir novo significado a certa palavra para dar sentido dentro de um contexto novo, o que acontece aqui com a palavra "Trono".

---

1. Por "inclusivo", aqui, entenda aquilo que é exatamente o contrário de "exclusivo".

TRONOS DE DEUS

Abordaremos o tema "Tronos" com a consciência de que muitos destes são nossos amados Orixás, divindades que manifestam as qualidades de Olorum.

Por uma questão de didática, começaremos por definir Trono da forma como Pai Benedito de Aruanda expressa na obra de Rubens Saraceni: Tronos são a classe de divindades responsáveis por nossa evolução, assentam-se em um mistério de Deus e a partir daí passam a manifestá-lo. Por mistérios de Deus, entendamos suas próprias qualidades divinas que a nós chegam por meio dos Tronos de Deus ou Orixás (Fé, Amor, Conhecimento, Justiça, Lei, Evolução e Geração).

Podemos dizer que existe um Trono Masculino da Fé que se assenta em Deus no mistério da Fé, e a partir daí irradia esse mistério para tudo e todos. O termo "assentar" dá sentido ao conceito da palavra Trono: um Trono se assenta na Fé em Deus e, portanto, ele é a Fé de Deus e ao mesmo tempo é o manifestador divino do sentido da fé, ele é a Divindade da Fé. E nesse sentido, como nos outros, temos no mínimo duas divindades ou dois Tronos assentados: um feminino e outro masculino.

Desde que esse mundo é mundo, o Trono da Fé existe e sempre vai existir. O que mudam são as raças, a cultura e a época, e portanto as formas e os nomes diversos pelos quais um mesmo Trono pode ser identificado e é adorado ou cultuado. Por herança da cultura africana nagô-yorubá nós, umbandistas, identificamos o Trono Masculino da Fé como Oxalá, nosso amado Pai, assentado na primeira linha de Umbanda, a Linha da Fé ou Cristalina. Esses Tronos formam hierarquias divinas, pelas quais eles estão ligados uns aos outros.

Abaixo dos Tronos Maiores assentados em Deus estão os tronos menores, intermediários, intermediadores e regentes de níveis organizados em uma hierarquia natural, que se estende desde o alto da criação até nós, seres humanos encarnados.

Por exemplo: o Trono Masculino da Fé é regente de outros Sete tronos menores da Fé, ou se preferir tronos intermediários, que são:

Trono da Fé e da Fé
Trono da Fé e do Amor
Trono da Fé e do Conhecimento
Trono da Fé e da Justiça
Trono da Fé e da Lei
Trono da Fé e da Evolução
Trono da Fé e da Geração

Ser um Trono da Fé é a essência do Trono (seu atributo), o segundo "elemento" é o campo em que está atuando (sua atribuição).

Da mesma forma, o Trono Masculino da Justiça é regente de sete tronos intermediários:

Trono Masculino da Justiça e da Fé
Trono Masculino da Justiça e do Amor
Trono Masculino da Justiça e do Conhecimento
Trono Masculino da Justiça e da Justiça
Trono Masculino da Justiça e da Lei
Trono Masculino da Justiça e da Evolução
Trono Masculino da Justiça e da Geração

Não creio que seja necessário repetir aqui, mas o mesmo se dá para todos os 14 Tronos assentados nos sete sentidos principais em Deus (Fé, Amor, Conhecimento, Justiça, Lei, Evolução e Geração).

Cada um desses intermediários é regente de outros sete intermediadores que estão abaixo deles, como por exemplo o Trono Masculino da Justiça e do Amor, que é regente destes sete abaixo:

Trono Masculino da Justiça e do Amor no campo da Fé
Trono Masculino da Justiça e do Amor no campo do Amor
Trono Masculino da Justiça e do Amor no campo do Conhecimento
Trono Masculino da Justiça e do Amor no campo da Justiça
Trono Masculino da Justiça e do Amor no campo da Lei
Trono Masculino da Justiça e do Amor no campo da Evolução

Trono Masculino da Justiça e do Amor no campo da Geração

E abaixo destes está um número infinito de seres evoluindo nos diversos planos da vida e nas diversas realidades e dimensões paralelas. As divindades, os Tronos, não estão em evolução, são desdobramentos de Deus, quem está em evolução são os seres que habitam as mais diversas realidades.

Bem, meus irmãos, sei que é grande a quantidade de informações, e talvez não dê para visualizar a simplicidade das repetições onde tudo se multiplica respeitando a lei harmônica das sete linhas ou sete vibrações de Deus. No decorrer de nossa leitura, abordaremos esses mesmos assuntos de maneiras e pontos de vista diferentes, buscando ser o mais claro e objetivo possível.

DIVINDADES E DIVINDADES – HIERARQUIAS DOS TRONOS DE DEUS

Existem muitas classes de divindades e também uma hierarquia de divindades. Rubens Saraceni, em sua obra, costuma colocar as divindades de Deus na classe de Tronos de Deus e nos esclarece que existem:

Tronos regentes de verdadeiros universos, Tronos regentes de galáxias, Tronos regentes de sistemas solares como o nosso, Tronos regentes de planetas, Tronos maires regentes das irradiações que envolvem um planeta, Tronos intermediários, Tronos intermediadores, Tronos regentes de níveis, Tronos localizados, Tronos regentes de realidades paralelas, Tronos naturais, Tronos divinos, Tronos celestiais e muitos outros que constituem uma verdadeira hierarquia.

Quando falamos das divindades Orixás na Umbanda, temos por exemplo Ogum, que representa a Lei Divina, portanto é uma forma humanizada e cultural do Trono da Lei. Ogum tem regência sobre Sete Oguns, se seguirmos o raciocínio das sete vibrações, em que Ogum Maior tem sob sua hierarquia:

Ogum Cristalino ou Ogum da Fé
Ogum Mineral ou Ogum do Amor
Ogum Vegetal ou Ogum do Conhecimento
Ogum Ígneo ou Ogum da Justiça
Ogum Eólico ou Ogum da Lei
Ogum Telúrico ou Ogum da Evolução
Ogum Aquático ou Ogum da Geração

Estes são identificados apenas pela vibração e pelo sentido em que atuam, ainda têm eles muitos outros Oguns que também estão abaixo na hierarquia onde entram nomes mais populares e mais humanizados, como:

Ogum Matinata
Ogum Iara
Ogum Rompe-Mato
Ogum das Pedreiras
Ogum de Lei
Ogum Megê
Ogum Marinho

Podemos ainda citar muitos outros Oguns e até espíritos humanos que respondem a esses Oguns, em hierarquias humanas que se cruzam com as hierarquias naturais; isso pode ser observado na Umbanda com os Caboclos de Ogum.

Existem também as entidades naturais e encantados de Ogum, que são de outras realidades, não humanas, regidas por Ogum e que podem transitar de lá para cá em certas ocasiões e com a licença de Ogum Maior.

No livro *Mitos de Luz: Metáforas Orientais do Eterno*, de Joseph Campbell, Madras Editora, 2006, encontramos uma lenda hindiana sobre Indra muito interessante, que mostra nessa cultura o que representa a hierarquia das divindades:

Certa vez, um monstro chamado Vrtra cumpriu a tarefa de represar (seu nome quer dizer "cercador") todas as águas do universo e houve, então, uma grande seca que durou milhões de anos. Bem, Indra, o Zeus do panteão hindu, finalmente teve uma ideia para solucionar o problema: "Por que não lançar um raio nesse sujeito e explodi-lo?". Então Indra, que era aparentemente meio lerdo de raciocínio, pegou um raio e o atirou bem no meio de Vrtra, e... Bum! Vrtra explode, a água flui novamente e a Terra e o universo têm sua sede saciada.

Bem, daí Indra pensa: "Como sou poderoso", e então vai até a montanha cósmica, Monte Meru, o Olimpo dos deuses hindus, e percebe que todos os palácios por lá estavam em decadência. "Bem, agora vou construir uma cidade inteiramente nova aqui – uma que seja merecedora de minha dignidade". Então, obtém o apoio de Vishvakarman, o artífice dos deuses, e conta-lhe seus planos.

Ele diz: "Olhe, vamos começar a trabalhar aqui para construir essa cidade. Acho que poderíamos ter palácios aqui, torres acolá, flores de lótus aqui, etc., etc.".

Então, Vishvakarman começa as obras. Porém, toda vez que Indra volta para lá, ele aparece com novas ideias, melhores e mais grandiosas a respeito do palácio, e Vishvakarman começa a pensar: "Meu Deus, ambos somos imortais, então esse negócio não vai terminar nunca. O que eu posso fazer?".

Então, decide procurar Brahma e queixar-se a ele, o assim chamado criador do mundo dos fenômenos. Brahma está sentado em um lótus (o trono dele é assim) e Brahma e o lótus crescem a partir do umbigo de Vishnu, que se acha flutuando no espaço cósmico, montado em uma grande serpente, chamada Ananta (que significa "eterno").

Portanto, eis a cena. Lá fora, na água, Vishnu dorme, e Brahma está sentado no lótus. Vishvakarman entra, e, após muita reverência e embaraço, diz: "Ouçam, estou em apuros". Daí, conta sua história a Brahma, que diz: "Tudo bem. Eu darei um jeito nisso".

Na manhã seguinte, o porteiro da entrada do palácio que está sendo construído nota um jovem brâmane azul-escuro, cuja beleza chamou a atenção de muitas crianças em torno de si. O porteiro vai a Indra e lhe diz: "Acho que seria de bom grado convidar esse belo jovem brâmane a conhecer o palácio e dar-lhe uma boa acolhida". Indra está sentado em seu trono e, após as cerimônias de boas-vindas, diz: "Bem, meu jovem. O que o traz ao palácio?".

Com uma voz semelhante ao som de um trovão no horizonte, o rapaz diz: "Ouvi dizer que você está construindo o maior palácio que um Indra já conseguiu e, agora, depois de conhecê-lo, posso dizer-lhe que, de fato, nenhum Indra construiu um palácio como este antes".

Confuso, Indra diz: "Indras anteriores a mim? Do que você está falando?".

"Sim, Indras anteriores a você", diz o jovem. "Pare e pense, o lótus cresce do umbigo de Vishnu, então, desabrocha e nele se senta Brahma. Brahma abre os olhos e nasce um novo universo, governado por um Indra. Ele fecha os olhos. Abre-os novamente – outro universo. Fecha os olhos... e, durante 365 anos brâmicos, Brahma faz isso. Então o lótus murcha e, após uma eternidade, outro lótus desabrocha, aparece Brahma, abre os olhos, fecha os olhos... Indras, Indras e mais Indras."

"*Agora, vamos considerar cada galáxia do universo um lótus, todas com seu Brahma. Até poderia haver sábios em sua corte que se apresentariam como voluntários para contar as gotas-d'água do oceano e os grãos de areia das praias do mundo. Mas quem contaria esses Brahmas, sem falar nos Indras?*"

Enquanto ele falava, um formigueiro, marchando em colunas perfeitas, aproximou-se pelo piso do palácio. O rapaz as olha e ri. Indra fica com a barba coçando, suas suíças ficam eriçadas, e ele diz: "*Ora essa, do que você está rindo?*".

O jovem diz: "*Não me pergunte por quê, a menos que queira ficar magoado*".

O rapaz aponta para as fileiras de formigas e diz: "*Todas, antigos Indras. Passaram por inumeráveis encarnações, subiram de posto nos escalões do Céu, chegaram ao elevado trono de Indra e mataram o dragão Vrtra. Então, todos eles dizem: 'Como sou poderoso', e lá se vão eles*".

Nesse momento, um velho iogue excêntrico, usando apenas uma tanga, entra segurando um guarda-chuva feito de folhas de bananeira. Vê-se em seu peito um pequeno tufo de cabelos, em forma de círculo, e o jovem olha para ele e faz as perguntas que, na verdade, estão na mente de Indra: "*Quem é você? Qual o seu nome? Onde você mora? Onde vive sua família? Onde é sua casa?*".

"*Eu não tenho família, eu não tenho casa. A vida é curta. Esse guarda-chuva é o suficiente para mim. Eu devoto minha vida a Vishnu. Quanto a esses cabelos, é curioso: toda vez que morre um Indra, cai um fio de cabelo. Metade deles já caiu. Logo, logo, todos vão cair. Por que construir uma casa?*".

Bem esses dois eram, na verdade, Vishnu e Shiva. Eles apareceram para a instrução de Indra e, já que ele ouviu, foram-se embora. Bem, Indra sentiu-se totalmente arrasado, e quando Brhaspati, o sacerdote dos deuses, entra, ele diz: "*Eu vou me tornar um iogue. Serei um devoto aos pés de Vishnu*".

Então, aproxima-se de sua esposa, a grande rainha Indrani, e diz: "*Querida, vou deixá-la. Vou entrar na floresta e me tornar iogue. Vou parar com essa palhaçada toda a respeito de reinado na Terra e me converterei em um devoto aos pés de Vishnu*".

Bem, ela o fita por um instante; então, vai procurar Brhaspati e conta-lhe o ocorrido: "*Ele meteu na cabeça que vai embora para se tornar um iogue*".

Daí, o sacerdote toma sua mão e a leva para se sentarem diante do trono de Indra, e lhe diz: "Você está no trono do universo e representa a virtude e o dever – dharma – e encarna o espírito divino em seu papel terreno. Já lhe escrevi um livro importante sobre a arte da política – como manter o Estado, como vencer guerras, etc. Agora vou lhe escrever um livro sobre a arte do amor, para que o outro aspecto de sua vida, com você e Indrani juntos, aqui, possa vir a ser uma relação do espírito divino que habita em todos nós. Qualquer um pode ser iogue; porém, o que acha de representar nesta vida terrena a imanência desse mistério da eternidade?"

Então, Indra foi poupado do problema de ter de abandonar tudo e tornar-se um iogue, poderia dizer o leitor. Na verdade, em seu íntimo, ele já sabia de tudo isso, da mesma forma que nós. Tudo o que temos a fazer é despertar para o fato de que somos uma manifestação do eterno.

Essa história, conhecida como "A Humilhação de Indra", acha-se no Brahmavaivarta Purana. Os Puranas são textos sagrados hindus que datam aproximadamente de 400 d.C. O aspecto fascinante a respeito da mitologia hindu é o fato de ela ter conseguido absorver o universo de que falamos hoje em dia, com seus vastos ciclos de vidas estelares, galáxias após galáxias e o nascimento e morte de universos. Isso reduz a força do momento presente.

O que importam todos os nossos problemas relacionados às bombas atômicas explodindo o universo? Já houve universos e universos antes, cada um deles explodindo por uma bomba atômica. Portanto, agora você pode identificar a si mesmo no eterno que habita em você e em todas as coisas. Isso não significa que você queira assistir ao lançamento de bombas atômicas, mas, por outro lado, não perde seu tempo se preocupando a respeito.

Uma das grandes tentações de Buda foi a luxúria. A outra, o medo da morte, que, por sinal, é um belo tema para meditação. A vida lança à nossa volta essas tentações, essas perturbações mentais, e o problema consiste em encontrar o centro imutável dentro de nós. Então, pode-se sobreviver a qualquer coisa. O mito vai ajudá-lo a fazer isso. Não queremos dizer que você não deveria sair em passeatas e protesto contra a pesquisa atômica. Vá em frente, mas faça-o de maneira divertida. O universo é a diversão de Deus.

Fonte: *Deus, Deuses, Divindades e Anjos.*
(Alexândre Cumino, Madras Editora)

SIMBOLISMO DE DEUS NOS NÚMEROS

> *"O princípio de tudo é o número,
> todas as coisas são números.
> O número é a Lei do universo,
> a unidade é a Lei de Deus.
> Deus cria geometrizando."*
> Pitágoras, 570 a.C. a 495 a.C.

É muito interessante, curioso e importante para o pesquisador e estudioso das religiões entender a relação entre os números e os mistérios de Deus. Para isso, existe todo um estudo sobre o simbolismo dos números, que vai desde uma numerologia até uma geometria sagrada e fundamentada nessa representação. Pode parecer mera especulação teórica, mas lembre-se de que por mais novidade que isso lhe pareça já foi utilizado, testado e avaliado durante milênios por diversas gerações de místicos, sacerdotes e iniciados nas mais variadas tradições. Outras pesquisas em numerologia, ocultismo e esoterismo podem lhe fornecer mais informações e confirmar o que apresentamos de forma clara, direta e objetiva aqui a seguir:

0 – O número zero (0) representa o nada, o caos que antecede a criação; também representa o Criador, pois mesmo que nada exista, ainda assim Ele existe, o Incriado, pois nada há antes Dele; o zero representa ainda o espaço da criação onde tudo se concretiza. Seu símbolo é a circunferência vazia.

1 – O número um (1) representa a unidade, o todo, aquele que é uno, o ponto, a origem una de tudo e de todos, o princípio criador. Seu simbolismo é o Sol ou a circunferência (o espaço) com o ponto no centro, que representa a expansão e a concentração do Criador. O ponto estando no centro é aquele que se mostra equidistante em toda a criação.

2 – O número dois (2) representa a dualidade na criação, é Deus polarizado, masculino/feminino, luz/trevas, dia/noite, positivo/negativo, o alfa e o ômega, o primeiro e o último. É Deus Pai e Mãe ao mesmo tempo, o Sol e a Lua. O dois nada mais é que o um polarizado pois o dois está no um, tudo está no um. Aqui o um se divide para apresentar suas duas qualidades que os chineses chamam de yin/yang, simbolizado pelo "Tao", a circunferência dividida em duas partes iguais.

3 – O número três (3) representa a trindade na criação, o poder multiplicador. O 3 é o dois que multiplicou, é o dois que gerou o terceiro. Na Igreja Católica é simbolizado por Pai/Filho/Espírito Santo, nas tradições mais antigas é Pai/Mãe/Filho, como podemos observar nas diversas mitologias. Esotericamente também simboliza a trindade corpo/mente/espírito. O número três é considerado um número especial também para sustentação, pois é ideal como tripé, que nunca fica em falso, mesmo em uma superfície irregular; podemos observar que o mesmo não acontece usando quatro pés. Seu simbolismo é a circunferência com o triângulo dentro, podendo ter ao centro do triângulo um ponto ou ainda o olho que tudo vê, que é um dos símbolos usados na Maçonaria para representar o Grande Arquiteto do Universo.

4 – O número quatro (4) representa os quatro elementos (terra, água, ar e fogo) e também as quatro direções (norte, sul, leste e oeste) ou ainda alto, embaixo, direita e esquerda. No plano cartesiano é o cruzamento do eixo x com o eixo y. Seu símbolo é a cruz, a circunferência com a cruz dentro. O simbolismo da cruz é vasto e adentrou no Cristianismo; no Judaísmo tem origem na letra Tav, que na escrita antiga era representada por uma cruz. A cruz representa ainda o cruzamento de duas realidades, a passagem e a evolução.

5 – O número cinco (5) representa os quatro elementos mais o elemento espiritual humano, o homem como imagem e semelhança do

criador. Seu simbolismo é a estrela de cinco pontas que também simboliza a estrela de Salomão, estrela-guia, estrela Dalva, estrela da manhã, a luz e o caminho.

6 – O número seis (6) representa o equilíbrio, a balança, a justiça. Simbolizado pela estrela de seis pontas, formada por dois triângulos, um que aponta para cima e outro que aponta para baixo. O que aponta para cima representa o elemento masculino, enquanto o outro representa o elemento feminino. Essa é a estrela de Davi, estrela da justiça que diz "no alto como embaixo", nas palavras de Hermes Trismegisto.

7 – O número sete (7) é o número da perfeição que nos remete às sete vibrações originais em que o Criador se manifesta entre nós, visível nas sete cores do arco-íris (vermelho, laranja, amarelo, verde, azul, anil e violeta) e na escala musical (dó, ré, mi, fá, sol, lá, si). É o número mestre nas manifestações espirituais, pois o Criador se manifesta de forma sétupla no homem, o que observamos por meio dos sete chacras, cada um deles em sintonia com uma das sete vibrações originais da criação. Pode-se ainda estabelecer sete elementos, de acordo com a obra psicografada por Rubens Saraceni (terra, água, ar, fogo, cristal, mineral e vegetal). Ou ainda sete sentidos (Fé, Amor, Conhecimento, Justiça, Lei, Evolução e Geração). Esse número será de todo especial aqui nesta obra, pois é no mistério das sete vibrações que iremos "classificar" ou "Organizar" as divindades por afinidade com esta ou aquela energia e campo de atuação. O simbolismo do número sete é uma estrela de sete pontas.

8 – O número oito (8) representa a rosa dos ventos, as oito direções cardeais, Deus presente na matéria, a concretização da vontade divina. Pode ser simbolizado pela cruz com o x, pelo octógono, ou dois quadrados entrecruzados.

9 – O número nove (9) representa 3 x 3, aquele que é três vezes sagrado, três vezes trino, uma oitava superior de espiritualidade, o ápice do mistério, o Criador em si mesmo, o Santo do Santo, o Altíssimo do Alto. Pode ser simbolizado com três triângulos entrelaçados ou uma estrela de nove pontas.

Assim podemos entender como os números se associam aos mistérios da criação; ao citar um número já está implícito o que ele representa.

SETE MISTÉRIOS – O NÚMERO 7

> *"Sete luzes existem no Altíssimo*
> *e é lá que habita o Ancião dos Anciões,*
> *o Misterioso dos Misteriosos,*
> *o Oculto dos Ocultos: Ain Soph."*
> *Sefer ha Zohar*

Desde que o Caboclo das Sete Encruzilhadas e afirma que tem esse nome porque não há caminhos fechados para ele, o número sete se tornou o número místico por excelência na Umbanda.

Sete: esse é o número que representa os mistérios de Deus ou, no mínimo, os mistérios da Umbanda. Mas por que esse número e não um outro qualquer?

Podemos dizer no mínimo que o número sete já é considerado um número místico por excelência há muito tempo nas diversas culturas e religiões. Principalmente na cultura judaico-cristã, podemos ver sua importância nos sete dias da criação que definem os sete dias da semana.

No Judaísmo, e mais especificamente na cabala hebraica, sete é o número da perfeição.

Na cultura grega, sete é chamado de "sebo", que quer dizer "venerar", ou "septa", "venerável".

Na cultura romana ou latina, sete é chamado "septos", que quer dizer "santo, divino".

Segundo a cultura judaico-cristã, Deus criou o mundo em sete dias; dada a importância desse número, cada dia representa o abrir de uma nova vibração.

No Êxodo, Deus instrui Moisés a construir um candelabro de ouro para sete lâmpadas.

No Apocalipse, Novo Testamento, vemos sete Igrejas que estão na Ásia, "sete espíritos que estão diante de seu trono", sete candelabros de ouro, sete estrelas, sete anjos, sete tochas de fogo diante do trono, sete selos, sete chifres, sete olhos, sete trombetas e sete trovões.

O autor Albany Braz, em seu livro *O Número 7*, Madras Editora, cita:

Pitágoras referia que "o sete era o número sagrado e perfeito, entre todos os números", e Filolau (séc. V a.C.), dizia que o "sete representava a mente".

Macróbio (séc. V d.C.) considerava o sete "como o nó, o elo das coisas". O sete, por sua vez, é um número primo e também o único de 1 a 10 que não é múltiplo nem divisor de qualquer número de 1 a 10.

O filósofo grego Platão de Egina (429-347 a.C.), em seu Timeu, *ensinava que "do número sete foi gerada a alma do mundo".*

Santo Agostinho via nele o "símbolo da perfeição e da plenitude" e Santo Ambrósio dizia que era "o símbolo da virgindade".

Esse simbolismo era assimilado pelos pitagóricos, entre eles Nicômaco (50 d.C.), em que o "sete era representado pele deusa Minerva (a virgem)", que era a mesma Atena de Filolau (370 a.C.).

Na Antiguidade, o sete já aparecia:
OS SETE PLANETAS DIVINIZADOS PELOS BABILÔNICOS;
OS SETE CÉUS (YMGERS) DE ZOROASTRO;
A COROA DE SETE RAIOS E OS SETE BOIS DAS LENDAS NÓRDICAS. Estes últimos eram simbolizados por: SETE ÁRVORES, SETE ESTRELAS, SETE CRUZES, SETE ALTARES FLAMEJANTES, SETE FACAS FINCADAS NA TERRA e SETE BUSTOS.

Com relação à cosmologia, o Universo antigamente era representado por uma nave com sete pilotos (os pilotos de Osíris) e, segundo a escritora Narcy Fontes, "nossa galáxia (Via Láctea) é formada por um Sol central, sete outros sóis e 49 planetas (sete planetas para cada sol)".

A lua passa por fases de sete dias: crescente, cheia, minguante e nova respectivamente.

Na tradição sânscrita (hindu) há frequentes referências ao sete ou SAPTAS: "Archishah - sete chamas de Agni; Arânia - sete desertos; Dwipa - sete ilhas sagradas; Gâvah - sete raios ou vacas; Kula - sete castas; Loka - sete mundos; Par - sete cidades; Parna - sete princípios humanos;

Ratnâni – sete delícias; Rishi – sete sábios; Samudra – sete mares sagrados; Vruksha – sete árvores sagradas".

Na teologia Zoroastriana (masdeísmo, 550 a.C.) há sete seres que são considerados os mais elevados, são os Amchaspands ou Ameshaspendes (sete grandes gênios): "ORMAZD ou Ormuzd ou Ahura-Mazda (fonte da vida); BRAHMAN (rei deste mundo); ARDIBEHEST (produtor do fogo); SHAHRIVAR (formador de metais); SPANDARMAT (rainha da terra); KHORDAD (governante dos tempos e das estações); AMERDAD (governante do mundo vegetal)". Opostos a estes havia os sete arquidevas (demônios ou poderes das trevas). Nessa teologia Masdeísta inicialmente existiam sete graus iniciáticos no culto de Mitra: CORVO (Vênus), GRIFO (Lua), SOLDADO (Mercúrio), LEÃO (Júpiter), PERSA (Marte), PAI (Saturno), HELIÓDROMO (Sol ou corredor do Sol).

MITRA nasceu no dia 25/12, tinha como número o 7 e em honra a ele havia os sete altares de fogo, denominados de sete pireus.

Na teologia romana na corte do Deus Marte ou Mars (Ares grego), figuravam sete divindades alegóricas: "PALLOR (a Palidez); PAVOR (o Assombro); VIRTUS (a Coragem); HONOR (a Honra); SECURITAS (a Segurança); VICTORIA (a Vitória); PAX (a Paz)".

Na teologia dos sumérios, a deusa Inana tinha de atravessar sete portas para chegar diante dos juízes do mundo inferior.

As tabuletas assírias estão repletas de grupos de sete: sete deuses do Céu; sete deuses da terra; sete deuses das esferas flamejantes; sete deuses maléficos; sete fantasmas; espíritos de sete céus; espíritos de sete terras.

Se fiz questão de citar essa passagem do livro *O Número 7*, é porque assim sobram motivos e fatos para demonstrar o quanto o número 7 foi e é considerado um número sagrado.

Rubens Saraceni e Pai Benedito de Aruanda citam em toda a sua obra que essa escolha do número 7 se deve ao fato de que o ser humano é sétuplo em sua origem divina, o que quer dizer que somos regidos pelo número 7. Um exemplo disso é a leitura do sistema de chacras, tendo como sete o número de chacras principais e muitos outros como chacras secundários. Isso demonstra que estamos ligados a sete vibrações maiores e originais que nos amparam e sustentam por meio desses sete chacras. Mas não para por aí, somos imagem e semelhança de Deus e dessa forma Deus se mostra sétuplo para nós também, o que quer dizer que em Deus existe um Trono das Sete Encruzilhadas regente de uma hierarquia divina na qual abaixo dele estão sete tronos maiores indiferenciados, e abaixo desses sete estão os Catorze tronos maiores diferenciados em masculino/feminino, universal/cósmico, ativo/passivo, etc, formando uma hierarquia divina toda ela organizada por meio do mistério que o número sete encerra em si mesmo.

SETE LINHAS DE UMBANDA

Sete Linhas de Umbanda já foi um tema muito polêmico, pelo fato de que cada autor umbandista apresentava sua visão particular sobre quais e "quantas" seriam essas sete linhas e desclassificavam as outras formas de pensar e apresentar as Sete Linhas de Umbanda.

Alguns foram inspirados e originais em suas versões, outros simplesmente copiaram e criticaram seus antecessores no assunto, sem muito fundamento ou razão para isso, e adaptavam novos elementos aos que já existiam até então no conceito de Sete Linhas.

Uma das confusões se deve ao fato de que boa parte dos Umbandistas acreditava que as Sete Linhas deveriam corresponder a sete Orixás, o que é um problema, pois não existem apenas sete Orixás. Assim, uns limitavam seu panteão a sete Orixás previamente escolhidos e em alguns casos rebaixavam os demais Orixás à condição de Orixás menores ou mesmo de caboclos e caboclas a serviço dos "sete Orixás maiores".

Vejamos agora a primeira versão das Sete Linhas de Umbanda publicada por Leal de Souza no livro *O Espiritismo, a Magia e as Sete Linhas de Umbanda*, 1933. Leal de Souza foi médium de Umbanda preparado por Zélio de Moraes, é o primeiro escritor de Umbanda e este livro citado foi o primeiro título integralmente escrito sobre Umbanda:

1ª Linha de Oxalá – Jesus – branco
2ª Linha de Ogum – São Jorge – vermelho
3ª Linha de Euxoce – São Sebastião – verde
4ª Linha de Xangô – São Jeronymo – roxo
5ª Linha de Nhá-San – Santa Bárbara – amarela
6ª Linha de Amanjar – N. S. da Conceição – azul
7ª Linha de Santo

Obs.: Essa é a primeira versão escrita e publicada sobre as "Sete Linhas de Umbanda", por esse motivo sua originalidade deve ser sempre levada em consideração, assim como o fato de o autor ser médium preparado por Zélio de Moraes, o que leva a crer que a origem de seus conceitos vem da prática e vivência de Umbanda ao lado de Zélio e seus guias.

Na explicação de Leal de Souza, a Linha Branca de Umbanda é que se divide nessas sete linhas e, além da Linha Branca há a Linha Negra formada pelos Exus e que é tratada à parte. A sétima linha é formada por espíritos egressos da Linha Negra e que trabalham principalmente no campo da demanda, de cortar trabalhos de magia negra.

O livro de Leal de Souza, na versão PDF, pode ser encontrado facilmente na internet e vale a pena ser lido por todos os umbandistas.

Não existem apenas sete Orixás e isso é fato consumado, então a pergunta que não quer calar é: se existem mais que sete Orixás, qual é a relação deles com as Sete Linhas de Umbanda? Levando em consideração que, pela lógica, Orixás não são linhas e vice-versa.

Mas, antes de responder a essa pergunta, vamos ver algumas das várias classificações de Sete Linhas de Umbanda ao longo das décadas:

Lygia Cunha, filha de Dona Zilméia de Moraes Cunha, neta de Zélio de Moraes e atual dirigente da Tenda Espírita Nossa Senhora da Piedade, nos afirmou pessoalmente que as Sete Linhas de Umbanda, segundo o Caboclo das Sete Encruzilhadas e Zélio de Moraes, são:

Oxalá – Branco
Ogum – Vermelho
Oxóssi – Verde
Xangô – Marrom ou Roxo
Iemanjá – Azul-claro
Iansã – Amarelo
Exu – Preto

Obs.: A interpretação de Lygia está bem próxima de Leal de Souza, na qual se inverte a posição de Iansã e Iemanjá, definindo a Linha de Santo agora como a Linha de Exu.

Pai Ronaldo Linares, que também conviveu com Zélio de Moraes, apresenta as Sete Linhas de Umbanda e afirma que, segundo o "Zélio" das tendas originárias da Tenda Nossa Senhora da Piedade, deveriam nascer as Sete Linhas de Umbanda como segue abaixo:

INHAÇÃ – Amarelo – Tenda de Santa Bárbara
IBEJI – Rosa – Tenda Cosme e Damião
IEMANJÁ – Azul-claro – Tenda Nossa Senhora da Guia e da Conceição
OXOSSE – Verde – Tenda São Sebastião
OGUM – Vermelho – Tenda São Jorge
XANGÔ – Marrom – São Jerônimo
NANÃ – Violeta ou Roxo – Santa Ana

Obs.: Pai Ronaldo Linares, no livro *Iniciação à Umbanda*, Madras Editora, demonstra que Oxum tem um culto bipartido ou compartilhado com Iemanjá; Oxóssi recebeu ou absorveu o culto dedicado a Ossanha (Ossaim) e ainda afirma que:

Finalmente temos o preto, que corresponde à Tenda de São Lázaro. É a ausência da cor e da luz da vida. Zélio de Moraes explica que as cores branco e preto não fazem parte das sete linhas, pois o branco, que é a presença da luz, existe em todas elas e o negro, que é justamente a ausência da luz, está justamente na ausência delas. O santo católico São Lázaro é sincretizado com o Orixá Obaluaiê ou Omolu.

O Orixá maior da Umbanda é OXALÁ. O respeito profundo e a forma superlativa do nome Oxalá já ressaltam em si mesmo ser mais que Orixá, pois é o supremo para o qual convergem todas as linhas, assim perfeitamente identificado na invocação com Jesus Cristo.

Dessa forma e com essa visão, embora Pai Ronaldo Linares apresente Sete Linhas de Umbanda, ele alcança 11 Orixás: Iansã, Ibeji, Iemanjá, Oxóssi, Ogum, Xangô, Nanã, Oxalá, Omolu, Obaluaiê, Ossaim.

No "Primeiro Congresso Brasileiro do Espiritismo de Umbanda", realizado em 1941, as Sete Linhas de Umbanda foram apresentadas pela Cabana de Pai Thomé do Senhor do Bomfim, na sessão de 26 de outubro de 1941, por seu delegado sr. Josué Mendes:

1. ALMAS
2. XANGÔ
3. OGUM

4. NHÃSSAN
5. EUXOCE
6. IEMANJÁ
7. OXALÁ

São as mesmas Sete Linhas de Umbanda que aparecem na obra de Leal de Souza, apenas em posições diferentes. Esse livro também é facilmente encontrado na web e também recomendo sua leitura para entender um pouco o processo histórico da religião. Assim como recomendo o livro *História da Umbanda*[2] a todos que pretendem conhecer mais a fundo de onde veio e para onde vai a Umbanda.

Lourenço Braga apresentou suas Sete Linhas de Umbanda no Primeiro Congresso de Umbanda, em 1941, mas não aparece nos anais do congresso, no entanto ele as registra e publica no livro *Umbanda e Quimbanda*, 1942, como segue:

"Trabalho apresentado no Primeiro Congresso Brasileiro de Espiritismo, denominado Lei de Umbanda, realizado nesta cidade do Rio de Janeiro, entre 18 e 26 de outubro de 1941"

1ª Linha de Santo ou de Oxalá – dirigida por Jesus Cristo
2ª Linha de Iemanjá – dirigida pela Virgem Maria
3ª Linha do Oriente – dirigida por São João Batista
4ª Linha de Oxóce – dirigida por São Sebastião
5ª Linha de Xangô – dirigida por São Jerônimo
6ª Linha de Ogum – dirigida por São Jorge
7ª Linha Africana ou de São Cipriano – dirigida por São Cipriano

Obs.: Lourenço Braga é o autor que apresenta e publica de forma inédita Sete Linhas com sete subdivisões para cada linha, as legiões de cada linha, o que seria também muito copiado por outros autores. Ele coloca suas sete linhas muito próximas das sete linhas de Leal de Souza, que será o grande modelo para todos os autores de Umbanda, copiado, alterado e adaptado segundo a vontade e visão particular de cada um. Lourenço Braga mudou a "Linha de Nha-San" por "Linha do Oriente" e definiu a "Linha de Santo" como "Linha Africana". Aqui vale lembrar

---

2. *História da Umbanda* é um livro de Alexândre Cumino publicado pela Madras Editora (www.madras.com.br).

que foi esse autor, Lourenço Braga, o primeiro a identificar uma linha com este nome, "Linha do Oriente", a qual seria no futuro e até os dias de hoje muito citada pelos umbandistas.

No entanto, quando o assunto se trata de Sete Linhas de Umbanda, tanto a linha do Oriente como a linha das almas ou a linha de santo criam uma confusão. Afinal, as Sete Linhas de Umbanda estão associadas a Orixás ou a entidades, guias e espíritos que atuam na Umbanda? Provavelmente em linha das almas e de santo está oculto o Orixá Obaluaiê e/ou Omolu, os quais eram temidos e desconhecidos aos umbandistas. Pela mesma razão, aparecerá Iofá nas sete linhas de Benjamin Figueiredo e Yorimá nas sete linhas de W. W. da Matta e Silva. E a única coisa que tudo isso revela é a fragilidade do conceito de Sete Linhas de Umbanda, bem como a dificuldade inicial em conhecer e se relacionar com os Orixás oriundos da cultura nagô-yorubá, mas que agora vão assumir uma nova forma de ser cultuados e reverenciados na Umbanda.

Maria Toledo Palmer, autora de *Chave de Umbanda*, 1949, e *A Nova Lei Espírita de Jesus*, 1953, recebeu em 1948 ordens do astral para fundar na Terra "A Nova Lei Espírita: Jesus a Chave de Umbanda". Apresenta as Sete Linhas das Sete Leis de "Jesus, A Chave de Umbanda":

Céu
Terra
Água
Fogo
Mata
Mar
Almas

Oliveira Magno, autor dos livros *Umbanda Esotérica e Iniciática*, 1950, e *Umbanda e Ocultismo*, 1952, reconhece Leal de Souza como o primeiro autor de Umbanda, apresenta por sua vez as Sete Linhas de Umbanda desta forma:

Oxalá,
Iemanjá,

Ogum,
Oxóssi,
Xangô,
Oxum e
Omolu

Observe que, com relação às linhas de Leal de Souza, trocou apenas Nha-San por Oxum e Linha das Almas por Omolu.

Aluizio Fontenele, 1951, adotou ao pé da letra as Sete Linhas de Lourenço Braga.

Yokaanam publica em 1951 *Evangelho de Umbanda*, obra polêmica, que apresenta as Sete Linhas de Lourenço Braga e critica dizendo: "Eis o que os africanistas apresentam como 'UMBANDA'! Mera confusão!". Apresenta Sete Legiões que têm como patronos sete "Orixalás". Acima delas está o Paraninfo ou Patrono de Honra: Jesus – "Oxalá", e abaixo como segue:

1ª S. João Batista – "Xangô-Kaô" (Xangô maior), Rosa.
2ª Santa Catarina de Alexandria – "Yanci", Azul.
3ª Custódio – Cosme e Damião – "Ibejês", Branco.
4ª S. Sebastião – "Oxóce", Verde.
5ª S. Jorge – "Ogum", Vermelho Escarlate.
6ª S. Jerônimo – "Xangô", Roxo Violeta.
7ª S. Lázaro – "Ogum de Lei".

Obs.: O autor, Yokaanam, nessa obra *Evangelho de Umbanda*, faz algumas observações, afirmando que a Legião de Santa Catarina – "Yanci" – era antes de N. S. da Conceição – "Iemanjá", que passou o comando para sua "legítima substituta". Também observa que S. Lázaro de modo algum pode ser confundido com "Omolu", que na opinião dele é "rei da destruição, caveira, espírito do cemitério".

Para cada uma dessas "legiões", o autor apresenta seus correspondentes "chefes de falange" (Orixás), guias chefes (Pequenos Orixás – chefes de divisões), guias (chefes de grupos) e guias individuais, o que também serviria de inspiração a outros autores que vieram depois, como W. W. da Matta e Silva. Por Exemplo:

Legião de São Jorge – "Ogum" – (Patrono)

Chefes de Falanges – "Orixás": Caboclo Águia Branca – Ogum Mearim – Ogum Guerreiro – Ogum da Cruzada – Ogum Rei – Ogum do Oriente – Ogum do Mar – Ogum da Estrela – Ogum Menor – Ogum Mensageiro – Ogum do Hymalaia – Ogum do Deserto – Ogum da Campina, etc.

Guias Chefes: Ogum Rompe-Mato – Sete Flexas – Caboclo Pena Vermelha – Caboclo Ipê – Caboclo Araxá – Caboclo Nanzan – Caboclo Pena Branca – Caboclo Mirim – Ogum da Lua – Ogum Megê – Ogum da Mata – Ogum Yara – Ogum Beira-Mar – Ogum da Montanha – Ogum Sete Cachoeiras – Ogum Cavaleiro – Ogum do Congo – Ogum da Lagoa – Ogum da Angola, etc.

Guias: Caboclo Miramar – Caboclo Sete Caminhos – Caboclo Gurupí – Caboclo Vigilante – Caboclo da Lua – Caboclo Flexa de Ouro – Caboclo das Sete Espadas – Caboclo Tietê – Caboclo Araçá – Caboclo Rio Negro – Caboclo Tupiniquim – Caboclo Tupiára – Caboclo Tocantins – Caboclo Solimões – Caboclo Araraquara – Caboclo Pirajá – Caboclo Paraguaçu – Caboclo Jaguaribe, etc.

Florisbela M. Souza Franco, autora de dois títulos conhecidos, *Umbanda*, 1953 e *Umbanda para os Médiuns*, 1958. No primeiro apresenta as Sete Linhas de Umbanda a seguir:

Linha de Santo
Linha do Mar
Linha Oriental
Linha de Oxosse
Linha de Xangô
Linha de Ogum
Linha Africana

Benjamim Figueiredo, fundador da Tenda Espírita Mirim, 1924, e Primado de Umbanda, 1952. Apresentou sua forma de entender as Sete Linhas de Umbanda, inspirada pelo Caboclo Mirim, registrada em suas apostilas "Umbanda – Escola da Vida", bem como publicada em 1961 no livro *Okê Caboclo*, como segue abaixo:

Oxalá,
Ogum,
Oxóssi,
Xangô,
Ybeji,
Yofá e
Iemanjá.

W. W. da Matta e Silva em 1956 publica seu primeiro título, *Umbanda de Todos Nós*, onde apresenta sua versão para as Sete Linhas de Umbanda. Acredita-se que Da Matta tenha sido profundamente influenciado pelos estudos esotéricos realizados na Tenda Espírita Mirim, no Primado de Umbanda e nos demais grupos em que Benjamim também frequentou. Da Matta faz surgir em sua obra os conceitos de AUMBANDÃ, apresentados pela Tenda Mirim no Primeiro Congresso de Umbanda, 1941, e traz as Sete Linhas de Umbanda iguais às do Benjamim/Caboclo Mirim, com o detalhe de que aqui Ybeji aparece como Yori e Yofá como Yorimá:[3]

1ª Vibração Original ou Linha de Orixalá
2ª Vibração Original ou Linha de Iemanjá
3ª Vibração Original ou Linha de Xangô
4ª Vibração Original ou Linha de Ogum
5ª Vibração Original ou Linha de Oxóssi
6ª Vibração Original ou Linha de Yori
7ª Vibração Original ou Linha de Yorimá

Embora guarde semelhanças, o autor critica as Sete Linhas de Lourenço Braga; assim como Yokaanam, W. W. da Matta e Silva não costumava citar suas fontes de forma adequada, como boa parte dos demais autores umbandistas, o que pode ser observado na teoria do AUMBANDÃ, apresentada pela Tenda Espírita Mirim no Primeiro Congresso de Umbanda em 1941. O fato de Da Matta não citar sua fonte faz parecer que o conceito é inédito e pertence a ele ou a seus guias, gerando confu-

---

[3] Da Mata e Silva, W. W. *Umbanda de Todos Nós*. Ed. Livraria Freitas Bastos, 1960.

sões muito comuns no meio umbandista quando o assunto é revelação, ineditismo ou simplesmente autoria de ideias e conceitos.

Em suas Sete Linhas, Matta e Silva, a exemplo de Lourenço Braga, apresenta sete subdivisões para cada linha e rebaixa Oxum, Iansã e Nanã Buroque ao grau de Caboclas de Iemanjá, o que já havia sido feito em parte por Lourenço Braga. Apresenta sete chefes principais com suas Legiões para cada linha assim como fez Lourenço Braga, e hierarquicamente abaixo 49 chefes de falanges e 343 chefes de subfalanges, algo parecido com a visão hierárquica de Yokaanam. Embora eu, Alexândre Cumino, veja essas ligações, é possível que outras pessoas como discípulos de Da Matta não as vejam e acreditem que a visão do Da Matta é única e original, e para essa questão deixo aqui meu respeito a todos e a todas opiniões e também minha palavra de que não tenho nenhum interesse em discutir isso, e mais ainda: embora eu cite e faça comparações, isso é mera especulação desse pesquisador que acredita ser muito pequenas e menos importantes essas nuances de diferenças, as quais não valem desperdício de energia ou tempo para discussões tão vazias quanto o sexo dos anjos. Minha gratidão explícita a todos os autores que deram sua colaboração prática, literária e teórica para a Umbanda; independentemente de ser a visão com que eu tenha mais afinidade ou não, todas são importantes no processo de formação da religião.

Creio que como referência histórica do estudo das Sete Linhas de Umbanda ao longo dos tempos nos basta o que citamos anteriormente; nos demais autores posteriores a esses vamos ver sempre uns copiando os outros e muito pouca originalidade, o que na minha opinião vai mudar apenas ao chegar à obra de Rubens Saraceni.

O fato de tantos guias usarem o "7" à frente de seus nomes ressalta a importância desse número para a Umbanda.

Zélio não deixou nada escrito, mas teve filhos e discípulos que falaram e falam sobre a forma como ele entendia as Sete Linhas de Umbanda.

Zélio de Moraes, segundo Pai Ronaldo Linares, afirmava que os umbandistas não haviam entendido o que são as Sete Linhas de Umbanda, e para figurar e explicar o que elas são de fato ele recorreu a um prisma e afirmou que as Sete Linhas são como a luz branca que se decompõe em sete cores do arco-íris ao transpassar o objeto translúcido. O que em nossa limitada visão se amolda perfeitamente na ideia de que Sete

Linhas de Umbanda são as sete vibrações da luz divina, de Deus, que se adapta ou se amolda às concepções mais variadas acerca de nomes e formas de compreendê-las; seja por meio de cores, anjos, santos, Orixás ou tronos de Deus, como bem explica Rubens Saraceni em sua obra.

Rubens Saraceni e as sete linhas de umbanda

O grande mérito de Rubens Saraceni é apresentar as Sete Linhas de Umbanda como "As sete vibrações de Deus", afirmando que:

"Deus se manifesta de forma sétupla nesta realidade humana."

"As Sete Linhas têm origem em Deus através do setenário sagrado."

"Cada um pode dar o nome que quiser, associar as Sete Linhas a sete Orixás, sete santos ou a sete anjos, cada um fala de uma forma diferente, o que ninguém pode negar é que as Sete Linhas de Umbanda são as sete vibrações de Deus, que se manifesta em sete essências, sete elementos e em tudo o mais que Deus criou."

Ao expor este estudo, histórico e literário, dos conceitos apresentados por autores umbandistas sobre as "Sete Linhas de Umbanda", tenho como objetivo, única e exclusivamente, oferecer material para o estudo e/ou observação do que já se falou sobre o assunto.

Por meio deste estudo podemos comprovar as diferentes formas em que as Sete Linhas de Umbanda vêm sendo apresentadas desde sua origem, pois os livros das décadas de 1940 e 1950 são pouco acessíveis. Encontramos, pois entre os autores desse período, pessoas que se dedicaram e muito na intenção de entender e abordar os conceitos teológicos, doutrinários e ritualísticos da religião de Umbanda, mesmo sem uma bibliografia sólida.

Não tenho como objetivo apontar este ou aquele autor em graus de acerto ou erro, mas apenas mostrar o que alguns autores pensaram sobre Sete Linhas da Umbanda.

Aos que tiveram a paciência de ler até aqui, agradeço e parabenizo pelo interesse em entender um pouco mais sobre a religião de Umbanda.

"Os princípios da verdade são sete;
aquele que os conhece perfeitamente
possui a chave mágica com a qual
todas as portas do templo podem ser
abertas completamente."
Hermes Trismegisto, *O Caibalion*

Ao contrário do que muitos pensam, as Sete Linhas de Umbanda Sagrada não são sete Orixás.

Mas o que são então? São as sete irradiações de Olorum, já há muito tempo conhecidas pela humanidade, ou não é verdade que nos deparamos com a tradição dos "sete raios", veneração ao "setenário sagrado", uso magístico das "sete chamas sagradas", "sete cores do arco-íris, "sete chacras", "sete dias da semana", "sete notas musicais", etc.?

Os Orixás se encontram, cada um deles, afinados e assentados em uma das sete vibrações originais. Dessa forma, as Sete Linhas de Umbanda são sete irradiações divinas que se projetam e recobrem todo o nosso planeta, formando sete telas planetárias que estão em tudo e em todos os lugares ao mesmo tempo. Cada uma delas assume uma qualidade, uma essência e um elemento. As Linhas são sete, os Orixás são muitos. O que vemos é que cada Orixá, que também tem sua qualidade e seu elemento, está identificado com uma ou mais das Sete Linhas correspondentes. De tal forma que para cada linha podemos identificar ao menos dois Orixás, um masculino e um feminino, a nos irradiar o tempo todo essas qualidades divinas. Esse conhecimento, organizado dessa forma, foi revelado a Rubens Saraceni por Pai Benedito de Aruanda, que apresentou 14 Orixás assentados nas Sete Linhas de Umbanda como segue:

Primeira Linha – Sentido da Fé – Elemento Cristalino – Oxalá e Logunã (Oiá-Tempo)

Segunda Linha – Sentido do Amor – Elemento Mineral – Oxum e Oxumaré

Terceira Linha – Sentido do Conhecimento – Elemento Vegetal – Oxóssi e Obá

Quarta Linha – Sentido da Justiça – Elemento Ígneo – Xangô e Oroiná (Egunitá)

Quinta Linha – Sentido da Lei – Elemento Eólico – Ogum e Iansã

Sexta Linha – Sentido da Evolução – Elemento Telúrico – Obaluaiê e Nanã Buroquê

Sétima Linha – Sentido da Geração – Elemento Aquático – Iemanjá e Omolu

Isso não quer dizer que existam apenas 14 Orixás nem nega os demais Orixás conhecidos e não relacionados anteriormente, como Orumilá, Ossaim, Logunedé, Oxalufã, Oxaguiã, Euá, Iku, Ori, Obatalá, Odé, Aroni, Aganju, Iroko, Odudua, Olokum, etc.

E da mesma maneira que nossos amados pais e mães Orixás se assentam nas Sete Linhas ou irradiações de Olorum, todas as outras divindades das mais diversas culturas também estão ali assentadas.

Isso quer dizer que, se Oxalá é uma das manifestações do Trono Masculino da Fé, o mesmo podemos dizer de Apolo dos gregos, Amom-Rá dos egípcios ou Brama dos hindus.

Se preferir, observe Oxum, Afrodite, Vênus, Lakshimi e Kuanin como diferentes manifestações de uma mesma divindade feminina do amor. Com essa informação, as Sete Linhas de Umbanda passam a ser como um mapa ou um esquema de identificação e leitura das qualidades divinas que se manifestam por meio das divindades e podem ser identificadas em tudo que nos cerca. As Sete Linhas de Umbanda são uma forma simples e prática de ter uma chave de interpretação de nosso universo por meio dos sete mistérios de Olorum. Podemos dizer que é como um código fonte para a identificação e leitura de tudo que nos cerca, tendo por base as qualidades divinas.

Espero ter esclarecido um pouco sobre as Sete Linhas de Umbanda Sagrada.

Um abraço fraternal de vosso irmão em Oxalá!!!

SINCRETISMO UMBANDISTA

É verdade que o sincretismo serviu para "encobrir" o culto de Orixás (e também de inquices, voduns e tatas) por escravisados que não tinham a liberdade de professar sua religião, agora isso foi um elemento para a sobrevivência do culto de nação, aqui conhecido como Candomblé: esse é o marco de nascimento do sincretismo de santo e orixá.

Mas e a Umbanda?

A primeira Tenda de Umbanda do Brasil se chama "Tenda Espírita Nossa Senhora da Piedade" e a família de Zélio de Moraes era muito católica; na tenda encontramos a imagem de Santo Expedito, que não sincretiza com nenhum Orixá. Digo isso para colocar uma tese, a de que na Tenda Mãe não é apenas uma questão de sincretismo, se reza para os santos católicos também, algumas vezes fica dúbia e controversa a simbiose santo e Orixá. Para muitos antigos, "Jesus é Oxalá", "São Jorge é Ogum", tamanha a simbiose. E não é aqui uma questão de cultura e sim uma questão de fé.

EXISTEM OUTRAS TENDAS, ANTIGAS, TAMBÉM COM VISÕES DIFERENTES:

A Tenda Espírita Mirim foi fundada em 1924 e que eu saiba é a primeira tenda de Umbanda a não aceitar os santos católicos, com excessão de Jesus Cristo.

A Tenda foi fundada por Benjamim Figueiredo e é mantida até hoje por sua família.

Tive a oportunidade de estar junto do "Mirinzinho", como é carinhosamente chamado o sr. Pauline, filho de Benjamim, e ele mesmo disse em entrevista feita pelo instituto Icapra, de nosso irmão Marcelo Fritz, que "na Tenda Mirim não se reza para santo porque eles foram gente como a gente e muitos nem foram santos, até matavam pessoas" (como pode ser o caso de São Jorge).

Da Tenda Mirim nasceu o Primado de Umbanda, em 1952, e muitas outras tendas que até hoje não usam o sincretismo e são legítimas Tendas de Umbanda, sem a presença de nenhum santo católico. Foi na Tenda Mirim e no Primado de Umbanda que nasceu o embrião do que no futuro seria conhecido como "Umbanda Esotérica" e "Umbanda Iniciática".

Uma Questão de Opinião

Assim, entendo que ter ou usar do sincretismo é uma questão de opinião e/ou afinidade, embora a grande maioria das tendas recorra ao sincretismo católico entre santos e Orixás.

Outros Casos

Alguns anos atrás, o autor e sacerdote umbandista Decelso escreveu um livro chamado *Umbanda de Caboclos*, 1967, que tive a oportunidade de ler e estudar. Nesse livro há uma comparação entre Orixás e divindades indígenas, o que poderia, de forma clara e lógica, criar um culto umbandista voltado para essas divindades, já que também temos tanta influência indígena quanto africana. Mais interessante é o que soma e enriquece nesse contexto: o prefácio da primeira edição feito por ninguém menos que Benjamim Figueiredo.

Vejamos a citação do livro, p. 68: Os *"deuses"*

Segundo Heraldo Menezes, a similitude existente entre o panteão aborígine e o africano está assim entendida:

- IARA: *Divindade ou "deusa" das águas = Iemanjá;*
- TUPI: *Divindade ou "deus" do Fogo = Erê;*
- CARAMURU: *Divindade do Trovão = Xangô;*
- URUBATÃO: *Divindade ou "deus" = Ogum;*
- AIMORÉ: *Divindade ou "deus" da caça = Oxóssi;*
- JUREMA: *Divindade das matas, cachoeira = Oxum;*

- JANDIRA: *Divindade dos grandes rios = Nanã;*
- MITÃ: *Divindade criança = Ibeji;*
- IURUPARI: *Divindade do mal = Elebá ou Exu;*
- ANHANGÁ: *Divindade da peste = Omolu.*

Seguem-se os "semideuses" ou divindades de segunda ordem, aquelas cujo poder é inferior ou estão abaixo das anteriormente mencionadas. Vejamos os "semideuses":

- GUARACI: *Divindade representativa do Sol = ORUM;*
- JACI: *Divindade da Lua = OXU;*
- PERUDÁ: *Divindade do Amor = OBA;*
- CAAPÓRA: *Divindade protetora dos animais = OSSONHE (Ossãe);*
- CURUPIRA: *Divindade dos Campos = CORICO-TÔ;*
- IMBOITATÁ: *Divindade dos Montes = OKÊ;*
- TUPÃ: *Divindade suprema, pode ser identificada como Oxalá, ou melhor, Obatalá ou Zambi.*

Bem, não iremos questionar nem avaliar essa relação, apenas entender que é algo possível e passível de ser feito e/ou realizado dentro dos terreiros de Umbanda.

Conheço terreiros que trabalham sem Orixá, apenas com os santos católicos. Alguns, inclusive, não cantam para Orixás, tomando o cuidado de entoar apenas pontos que sejam exclusivos dos santos.

Há terreiros em que a presença de anjos é maior. Há um terreiro onde trabalha um irmão e amigo que se chama Tenda de Umbanda Arcanjo Miguel, Gabriel e Rafael.

Assim, entendo que sempre será uma questão de afinidade o culto aos santos e/ou ao sincretismo, que podem ser duas coisas diferentes. Eu mesmo cultuo os santos, mas não apenas por sincretismo.

Rezo para São Jorge e para Ogum também, diferentemente do sincretismo puro, no qual São Jorge representa Ogum ou se tornam algo uno, São Jorge – Ogum.

Entendo que santo é santo e Orixá é Orixá, no entanto, entendo também que São Jorge tem a energia de Ogum, assim como arcanjo Miguel também tem a energia de Ogum, sendo três "entidades" diferentes que vibram na mesma frequência, porém com intensidade distintas, já que o Orixá como divindade e Trono de Deus está acima do santo, no meu entender, claro, estando muito próximo do arcanjo, porém com sutilezas que os distinguem.

Sendo assim, continuo rezando para o Orixá, para o santo e também para os arcanjos; já que essa é uma questão de opção, a minha está feita. Se há forças ou poderes, entidades ou Orixás que possam me ajudar, conto com todos.

A Umbanda não precisa nem nunca precisou do sincretismo, nós é que podemos ou não precisar dele, depende de cada um. Para muitos posso ter blasfemado, mas para outros, talvez tenha oferecido conforto para suas dúvidas.

Uma coisa é certa: minhas palavras não mudam o que é feito com tanto amor, fé e dedicação na casa de cada um, mas espero que os ajudem a entender o que já fazem.

Se tenho mais algo a dizer é que, vindo de uma família espírita (como vinha Benjamim Fiqueiredo), nunca acreditei em santos, para mim eram apenas homens e mulheres com uma história de fé (ou não). Também não acreditava em divindades, Orixás e muito menos em anjos (os quais considerava apenas como espíritos evoluídos). Posso dizer que aprendi a venerar os santos e os anjos dentro da Umbanda com os guias que me instruíam a rezar para este ou aquele, e foi com eles que também aprendi a adorar os Orixás como manifestações vivas de Deus.

Que Oxalá, Cristo e Rafael nos abençoem a todos, com o amparo de nossos guias e mentores.

JUS 84 – 5/2007

ORIXÁS SÃO SANTOS?

Na Umbanda, os Orixás são Tronos de Deus, são divindades. Na cultura nagô-yorubá, os Orixás são ancestrais, humanos e divinos. No Catolicismo, santos são espíritos humanos desencarnados que tiveram uma vida santificada. No Judaísmo, espíritos humanos desencarnados que tiveram uma vida santificada são anjos.

Por isso, ao nos referirmos a um santo, um anjo ou um Orixá, precisamos saber de que ponto de vista estamos falando. E para nós aqui é especialmente importante criar ou mostrar um ponto de vista umbandista para o entendimento dos Orixás. A visão dos Orixás na Umbanda não é a mesma visão dos Orixás no Candomblé ou na cultura nagô-yorubá. Assim como a visão dos anjos para os católicos é diferente das visão dos judeus. Cada religião e cultura têm sua forma própria de compreender os mistérios divinos, o que podemos chamar de leitura: cada um faz sua leitura desse universo de seres, entidades, espíritos e divindades.

Em outras palavras:

No Judaísmo há anjos que já encarnaram e anjos que nunca encarnaram.

No Catolicismo há apenas anjos que nunca encarnaram. Quem já encarnou pode vir a ser santo, o conceito de anjo fica restrito aos seres criados por Deus para nos amparar.

Na cultura nagô-yorubá há Orixás que já encarnaram e Orixás que nunca encarnaram.

Na Umbanda, cultuamos os Orixás apenas como divindades que nunca encarnaram. Mas se histórica e culturalmente Xangô foi um rei, como cultuá-lo na Umbanda e desconsiderar que já foi um encarnado? É simples, não estamos venerando o ser humano que encarnou e foi rei de Oyó, mas estamos cultuando a divindade ou Trono da Justiça Divina que se manifesta por meio do Orixá Xangô.

Podemos dizer com todas as letras que Orixás não são santos, no entanto reconhecemos o que há de divino em cada santo católico e assim construímos um sincretismo entre santos e Orixás, no qual cada santo sincretizado tem a energia, qualidade e vibração do Orixá em questão.

Todos que estudam as religiões a fundo chegam a essas conclusões, e mesmo as grandes instituições religiosas como a Igreja Católica têm esse conhecimento da relação que existe entre as diversas divindades e os santos católicos. Essa afirmação e esse entendimento podem ser confirmados estudando a história do Catolicismo, em que se observa que nos antigos templos "pagãos" a Igreja substituía uma divindade antiga por um santo novinho que tivesse as mesmas qualidades, muitas vezes o santo era criado, fabricado por "encomenda" para ocupar o lugar da antiga deusa ou deus que ali estava, chegando a ter inclusive o mesmo nome.

Podemos citar, por exemplo: Nossa Senhora das Vitórias substituindo a divindade greco-romana Vitória, Santa Brígida substituindo a divindade celta do fogo Bridge, Santa Inês substitui a divindade dinamarquesa Yngona, Santa Sara Kali substitui a deusa negra hindu Kali, que surgirá de forma católica também como a "Virgem Negra" em inúmeras catedrais europeias, e Santa Úrsula substitui a divindade eslava Orsel ou Úrsala, entre outros santos e santas. E em geral Nossa Senhora, como Mãe de Deus, vai ocupar o lugar da Grande Deusa e de muitas outras divindades femininas por conta das diversas qualidades atribuídas a Ela, como Nossa Senhora das Graças, Virtudes, Parto, Dores, Saúde, Conceiçao, do Rosário, etc.

Se pensarmos nessa perspectiva, podemos até entender que a Umbanda traz o santo para o culto e ao mesmo tempo devolve para as divindades seu lugar de destaque no altar do templo.

Cada umbandista vai descobrir uma forma saudável de se relacionar com santos e Orixás; coloco a seguir uma lista de Tronos, Orixás e santos como forma de apreciar esse sincretismo:

Trono Masculino da Fé – Oxalá – Jesus Cristo
Trono Feminino da Fé – Logunan (Oiá-Tempo) – Santa Clara
Trono Masculino do Amor – Oxumaré – São Bartolomeu
Trono Feminino do Amor – Oxum – Nossa Senhora da Concepção
Trono Masculino do Conhecimento – Oxóssi – São Sebastião
Trono Feminino do Conhecimento – Obá – Sta. Joana D'Arc

Trono Masculino da Justiça – Xangô – São Jerônimo
Trono Feminino da Justiça – Iansã – Santa Bárbara
Trono Masculino da Lei – Ogum – São Jorge
Trono Feminino da Lei – Oroiná (Egunitá) – Santa Sara Kali/ Santa Brígida
Trono Masculino da Evolução – Obaluaiê – São Lázaro
Trono Feminino da Evolução – Nana Buroquê – Santa Ana
Trono Masculino da Geração – Omolu – São Roque
Trono Feminino da Geração – Iemanjá – Nossa Senhora dos Navegantes

ORIXÁS SÃO ANJOS?

Anjos teologicamente são mensageiros de Deus, Orixás teologicamente são divindades de Deus; qual a diferença entre um mensageiro e uma divindade?

Ambos foram criados pelo Senhor Supremo, ambos estão entre o homem e o Criador, o que muda entre um e outro é o conceito. Anjos de forma ortodoxa estão inseridos na cultura judaica, católica e islâmica, que não aceitam a existência de outra divindade além do Deus Único. Orixás vêm da cultura africana nagô-yorubá onde são divindades criadas a partir de Olorum (Senhor do Céu), que é o Deus supremo acima de tudo e de todos.

Orixás são adorados em sua cultura, anjos são venerados, são chamados e não adorados.

Orixás têm vontade própria, anjos não têm vontade própria no Judaísmo e passam a tê-la no Catolicismo.

Assim como os Orixás, cada anjo têm sua qualidade, veja:

Rafael é o anjo da Cura,
Obaluaiê é o Orixá da Cura,

Miguel é o arcanjo chefe das milícias celestes,
Ogum é o Orixá chefe dos exércitos de Aruanda,

Gabriel, o herói de Deus, é o anjo da Piedade e anunciação,
Oxalá também é Orixá da Piedade e que traz a mensagem do Alto.

A Igreja Católica só aceita esses três anjos (Rafael, Miguel e Gabriel), mas no Judaísmo podemos continuar encontrando mais anjos que têm qualidades análogas aos Orixás, como:

Tsadkiel, o anjo que é mensageiro da Justiça de Deus,
Xangô é Orixá da Justiça Divina,

Samael é o anjo que traz a punição ou a Morte,
Omolu também é o Orixá da Morte,

Haniel é a Graça de Deus como anjo,
Oxum é o Orixá que manifesta a graça, pureza e amor.

E assim, poderíamos continuar este estudo nos estendendo por muitos outros anjos e Orixás, no entanto nosso objetivo é mostrar que Orixás são como anjos, para Deus e para nós; as diferenças são poucas, pois ambos são manifestadores do sagrado e do divino.

As diferenças são muito mais culturais, pois quando pensamos em anjos imaginamos aquele anjinho loiro de olhos claros, e quando pensamos em Orixás, imaginamos um negro forte ou uma negra sensual. Mas afinal não existe anjo de pele negra ou Orixá de pele branca, como a imagem de Iemanjá consagrada pela Umbanda?

A questão é que tanto anjos quanto Orixás estão muito acima da cor de pele, raça ou cultura.

Anjos e Orixás estão acima de nós e, se cada um se mostra dentro de uma teologia específica, no entanto para quem não conhece de perto parece tudo igual ou tudo diferente demais.

Para quem conhece, ambos foram criados em Deus, em seu âmago, e a Ele estão ligados e por Ele intercedem como intermediários da criação. Cada um, Orixá e anjo, tem sua função na criação e ambos são divinos, podemos dizer que há algo que os iguala e algo que os diferencia.

Basta nos permitirmos conhecer de cabeça aberta, não para misturar e sim para entender que os valores de uma cultura não diminuem os valores de outra, e o que é sagrado sempre o será, pois o sagrado está em Deus.

Que os anjos e os Orixás nos abençoem aqui, agora e sempre por Deus, Olorum, Zambi, Tupã, Jeová, Adonai, Ya-Yê e outros nomes mais que possam identificar Aquele que é o Ser Supremo dos "mil" nomes.

Jornal de Umbanda Sagrada,
agosto de 2006

ORIXÁS SÃO PLANETAS?

O estudo da influência dos planetas em nossas vidas é milenar. Historicamente, aparece na Suméria, onde surge pela primeira vez a escrita em nossa era atual. Acredita-se que a origem desse estudo esteja na era anterior, do que conhecemos por Atlântida e Lemúria. A Astrologia é considerada uma das ciências mais antigas da humanidade e por meio dela são reveladas as qualidades que recebemos de cada planeta no momento em que nascemos.

Orixás não são planetas, mas possuem energias que se identificam. Assim como podemos fazer a identificação com santos, é possível fazer com planetas. O número limitado de planetas nos faz encontrar mais de um Orixá por planeta.

Vejamos a seguir uma relação simples e válida entre planetas e Orixás:

Sol   Oxalá
Marte   Ogum e Iansã
Vênus   Oxum e Oxumaré
Mercúrio   Oxóssi
Plutão   Omolu e Obá
Júpiter   Xangô e Egunitá/Oroiná
Saturno   Obaluaiê, Nanã
Netuno   Iemanjá

Embora seja um satélite e não um planeta, a Lua pode ser associada a Logunan (Tempo), Iemanjá (Fluxo da Água) e esquerda (sombra, noite, emoções, Exu e Pombagira).

ORIXÁS, A QUEM PERTENCEM?

Os Orixás pertencem a nós ou nós é que pertencemos a eles? Temos a posse de seu culto e o direito de reclamar essa posse, a quem queira cultuá-los fora de nossa realidade? Ou será que eles, como divindades, estão muito acima de nossos egos e vaidades? Estão muito acima do direito de posse?

Algum tempo atrás acompanhei uma discussão sobre o fato de se cultuar Iemanjá nos rituais de wica. A sacerdotisa Wica defendia que Iemanjá é a Deusa, enquanto outras sacerdotisas defendiam que a Deusa não poderia ser afro e umbandistas acharam um absurdo "levar" Iemanjá para um ritual wica. Sabemos que Iemanjá, ao atender alguém, não lhe pergunta qual sua religião, logo a sacerdotisa que se entenda com Iemanjá.

Já imaginaram o papa reclamar o direito exclusivo em cultuar e amar a Jesus e os demais santos católicos? Todas as outras religiões cristãs deveriam "devolvê-los" para Roma e nós, umbandistas, teríamos de nos desfazer de nosso sincretismo com os santos e inclusive seríamos acusados de deturpar o culto aos mesmos, já que somamos a eles os valores "afro-ameríndios".

Ouvimos falar que certos Orixás não são da Umbanda. Bem, de quem eles são então? Divindades têm donos? Podem alguns Orixás ser de Umbanda e outros estarem nela por engano? Ao que sabemos, todos os Orixás têm a mesma origem yorubá, a mesma origem nos cultos de nação, onde na África cada nação tinha o culto voltado ao seu Orixá, considerado o ancestral de todos ali. Mas o Orixá tem vida própria, ele é divindade, é um Trono de Deus, não precisa de nós para existir e sim nós é que precisamos deles para existir, mesmo que muitos de nós não o saibamos. Para atender às necessidades de diferentes grupos socioculturais surgem novas religiões, pois a cada dia surgem novas realidades, mas é sempre o mesmo Deus e, claro, as mesmas divindades que ressurgem. Às vezes com nomes diferentes e outras vezes com os mesmos nomes. Os Orixás aparecem na Umbanda, mas já dentro de um outro contexto, diferente dos cultos de nação, de outra forma, pois é uma religião diferente. O "preto-velho" (que para os cultos de nação é "egum" e não incorpora no mesmo "chão" que o Orixá) nos apresenta os Orixás, todos quantos ele conhece no Astral, todos quantos ele cultua em espírito na "Aruanda". E aqui na Terra, na matéria, ainda se discute se esses Orixás são de Umbanda, que dúvida podemos ter? Se quem os apresenta a nós é o mesmo "preto-velho", não há dúvidas, pois somos filhos desses Orixás. O filho reconhece o pai e o pai reconhece o filho. Não teria o filho de mudar de religião, para continuar com o mesmo pai ou mãe, já que, uma vez reconhecida a paternidade divina dos Orixás, pouco importa o que os outros digam, o que interessa é que ali ele foi apresentado ao filho.

Apesar de termos um pai e mãe de cabeça, somos filhos de todos os Orixás!!!

Revista Espiritual de Umbanda, s/n.

NOVOS ORIXÁS NA UMBANDA

Quem são esses Orixás?
Existem ou não existem?
São da Umbanda ou do Candomblé?

Essas são as perguntas mais comuns quando o assunto são Orixás desconhecidos ou pouco cultuados na Umbanda. Iansã é uma mãe muito conhecida e popular na religião, basta dizer que ela aparece na primeira organização de Sete Linhas de Umbanda da Tenda Nossa Senhora da Piedade, fundada por Zélio de Morais.

Ainda assim, quando o assunto é Orixás ou Sete Linhas de Umbanda, a única regra é a discordância. Mesmo Iansã tão conhecida foi considerada por alguns autores, como W. W. da Matta e Silva, apenas uma cabocla de Iemanjá, e o mesmo se deu com Nanã Buroquê e Oxum.

Exu aparece na Umbanda como o nome de uma linha de entidades de trabalho à esquerda que são nossos guardiões, no entanto sabemos que esse é o nome de um Orixá tão presente e ancestral quanto os outros. Ainda assim, até hoje há umbandistas que insistem que não existe Orixá Exu, apenas as entidades Exu.

Omolu e Obaluaiê foram considerados Orixás das pragas, da doença, e quando não Orixá da esquerda, sem dizer a polêmica com relação ao fato de serem um ou dois Orixás. Na Umbanda, Omolu já foi praticamente um nome-tabu, interdito, proibido; muito provavelmente pelo mito e o medo que cercavam esse pai Orixá, sua linha vibratória foi denominada apenas Linha das Almas. Benjamin Figueiredo, fundador da Tenda Espírita Mirim, 1924, e Primado de Umbanda, 1952, preferiu chamar de Iofá. W. W. da Matta e Silva preferiu chamar de

Yorimá. Algo semelhante se deu com Ibeji, que não tinha um culto bem organizado ou aceito na Umbanda; o mesmo W. W. da Matta e Silva estabeleceu Yori como Orixá da vibração das crianças.

Se Ibeji, Yorimá e Iofá não existem como Orixás na cultura nagô-yorubá, como é que se dá ou pode ser possível seu culto? Afinal, a única certeza é de que nesses terreiros tem caboclo e eles aceitam e reverenciam esses Orixás, certo?

O fato é que o mesmo se dá com Oiá-Tempo/Logunan, Egunitá/Oroiná e, por que não, Orixá Pombagira e Orixá Exu Mirim.

Não importa o nome que se atribui a uma divindade, quando a relação é estabelecida a divindade responde, e a única maneira de entender isso a fundo é compreendendo de uma forma mais ampla o que são divindades.

Existe uma "ciência divina" para explicar isso e essa ciência não é a teologia desta ou daquela religião, e muito menos as "ciências da religião" tão humanas quanto as religiões criadas pelos homens. Essa ciência divina da qual Rubens Saraceni falava muito é algo como uma teologia transcendental, uma teologia acima de todas as teologias, um olhar de cima para baixo. Toda a teologia de Umbanda Sagrada fundamentada por Rubens Saraceni se identifica com essa ciência divina.

Por meio dessa ciência divina, identificamos que todas as formas de divindades são individualizações do Criador por meio de suas qualidades. Se identificamos uma qualidade maior no Criador como o AMOR e idealizamos uma divindade associada a essa qualidade como uma "Mãe do Amor", não importa o nome que se dá a essa divindade, ela ou ele sempre vão responder, e quem responde aqui no caso é Deus se individualizando em uma de suas partes divinas, o AMOR. Passamos a nos relacionar com um alguém, com uma consciência, com um mental, um ser que é amor puro, é o próprio amor de Deus. Entenda isso e você estará compreendendo uma parte dessa ciência e entenderá de onde vêm todos os cultos de todas as divindades em todas as épocas e culturas. Também entenderá que uma religião como a Umbanda não se limita aos Orixás que nos entregaram a cultura nagô-yorubá. Podemos cultuar muitas outras divindades, no entanto, pelo fato de que Orixá é sinônimo de divindade na Umbanda, essa é a forma pela qual serão nomeadas todas as Divindades que tiverem seu culto aberto na Umbanda.

O entendimento dessa simples afirmação em um olhar que esteja acima das religiões é parte dessa "ciência divina" e por isso não é uma "teologia", porque está acima das diversas teologias. Poderíamos chamar de "teologia divina" a ciência e o estudo das divindades e dos processos divinos acima e além das religiões. Antes que alguém crie algo relacionado ou copiado, é importante dizer que isso já existe e está bem aqui em nossas mãos.

Com isso ninguém está inventando divindades que não existiam, estamos apenas integrando à Umbanda algumas divindades que já têm seu culto em outras culturas, mas agora integrando sua presença na Umbanda. E por que isso tudo? É simples: o fato de que haviam lacunas dentro de qualidades, atributos e atribuições divinas que podemos cultuar por meio dessas divindades, como Logunan e Oroiná.

Para nós, Orixá é sinônimo de divindade, e exatamente por isso é que, se descobrirmos novas divindades, o que é muito possível, elas serão chamadas de Orixás. E é isso que nos permite ir ao encontro de novos Orixás na Umbanda.

O Candomblé é uma religião que propõe um resgate da cultura ancestral africana, na qual os Orixás são revelados apenas por meio de pesquisas religiosas e culturais, não é possível cultuar no Candomblé um Orixá que não tenha culto conhecido em sua origem africana. No entanto, há algo que nenhum pesquisador pode negar ou desconsiderar, o fato de que muitos Orixás simplesmente desapareceram no momento em que seu culto desapareceu; outro fato é que existe a afirmação ancestral da cultura religiosa nagô-yorubá apontando a existência de centenas de Orixás, ao mesmo tempo que apenas pouco mais de 16 são conhecidos e cultuados. Ainda assim, para se cultuar um Orixá no Candomblé, ele deve ser culturalmente conhecido com dados e informações de sua origem de culto, hierarquia e ancestralidade dos sacerdotes que lhe rendiam culto.

A Umbanda não carece de nada disso, a Umbanda não pretende resgatar uma cultura africana nem um culto ancestral, a Umbanda pretende apenas cultuar e reverenciar as divindades de Deus conhecidas como Orixás, os quais têm sim uma origem cultural africana, no entanto têm também uma origem divina; e aí é que está o ponto de divergência entre Umbanda e Candomblé quando o assunto é culto de Orixá, e que vai se tornar um ponto de divergência quando o assunto é o meu terreiro ou o seu terreiro. Simplesmente porque os guias de Umbanda podem revelar formas diversas de cultuar os Orixás e podem inclusive revelar Orixás desconhecidos, como foram os casos de

Benjamin Figueiredo (Iofá), W. W. da Matta e Silva (Yori e Yorimá) e Rubens Saraceni (Oiá-Tempo/Logunan e Egunitá/Oriiná).

Quando começou o estudo mais profundo que temos na Umbanda sobre as Sete Linhas de Umbanda junto de Pai Benedito de Aruanda, Rubens Saraceni foi informado de que Sete Linhas não são sete Orixás, pelo simples fato de que existem muito mais que sete Orixás. Sete Linhas de Umbanda são sete vibrações de Deus e portanto era possível agrupar nessas sete vibrações energias, virtudes, mistérios quantos Orixás quisessem. A Umbanda costuma simplificar as coisas e por isso, provavelmente, é que muitos estabeleceram apenas sete Orixás para sete linhas. Pai Benedito de Aruanda afirma que o ideal seria ter ao menos 14 Orixás para idealizar um modelo da Criação onde Deus (Olorum) se manifesta de forma feminina e masculina por igual em cada uma das Sete Linhas, ou seja, um pai e uma mãe Orixá para cada uma das Sete Linhas de Umbanda, 14 Orixás.

No seguimento de Umbanda ao qual Rubens emergia da Umbanda mais tradicional para a Umbanda de Ronaldo Linares, não havia 14 Orixás e muito menos nos outros segmentos de Umbanda também nunca houve culto a 14 Orixás. Então Pai Benedito afirmou que o culto não existe, mas as divindades existem, e as apresentou como Oiá-Tempo e Egunita, duas mães Orixás totalmente desconhecidas na Umbanda ou Candomblé. O nome Oiá já era familiar pelo fato de que é um outro nome para Iansã, assim como Egunitá é um dos nomes de uma das qualidades de Iansã. Desde então muita confusão surgiu, com muitos que não tinham e não têm ideia do que ele estava falando e assim passaram a dizer que Rubens cultuava qualidades de Iansã como se fossem Orixás. Criticar é mais fácil que entender, língua não tem osso, e por fim, para quem não quer entender nenhuma explicação serve.

Vamos à questão teológica de quem são Oiá-Tempo e Egunitá na Umbanda Sagrada e na obra de Rubens Saraceni.

Oiá-Tempo não é uma qualidade de Iansã e sim a Mãe do Tempo, aquela que qualifica a Iansã do tempo. Para resolver a polêmica e evitar tantas dúvidas é que a Mãe do Tempo passou a ser chamada de Logunan, o Trono, a divindade ou Orixá feminino do Tempo.

Egunitá aparece como qualidade de uma Iansã do Fogo, no entanto, na Umbanda Sagrada e na obra de Rubens Saraceni, esse nome identifica uma mãe maior, divindade ou Orixá feminino do Fogo. Para evitar tanto questionamento ela passou a se identificar como Oroiná, a

Mãe do fogo ancestral, que no princípio dos tempos na cosmogênese yorubá fazia par com Aganju.

Para muitos, Aganju assim como Ayra e outras divindades se tornaram apenas qualidades de Xangô, o mesmo se dá com Egunitá/Oroiná, e Oiá-Tempo/Logunan. Não são apêndices ou, apenas, uma qualidade de Iansã.

Bem, se você já leu até aqui, só me resta lembrar que para bom entendedor pingo é letra, no entanto para mau entendedor não há letra que lhe faça compreender a matéria em questão.

ORIXÁS NA UMBANDA

ENCRUZILHADA ANCESTRAL E CONTEMPORÂNEA

ESTUDAR OU ENTENDER

África é matéria de estudo para a vida inteira.

São centenas de etnias e milhares de línguas ou dialetos com suas culturas e formas plurais de ver, sentir e estar no mundo.

A África não é um país, um estado ou uma cidade, a África é um continente imenso, com uma imensidão de etnias, linguagens e tradições as mais diversas.

Ignorância, preconceito, racismo e desinteresse total pela África faz parecer menor a importância e a grandiosidade deste continente que é a origem de toda a humanidade, berço de culturas e etnias.

Chimamanda Ngozi Adichie fala do *perigo de uma história única*, em seu livro homônimo, quando pensamos em África.

Antes de iniciar qualquer estudo sobre algo que vem da África é preciso se perguntar:

Qual África existe em sua mente?

Antes de responder essa pergunta, vamos responder outra questão que todos deveriam saber, mas não sabem, não se dão conta, ou preferem não saber, para demonstrar que não é importante:

De onde vem os Orixás?

Da África!

Não basta dizer vem da África, é preciso dizer que vem da África Negra Subsaariana (abaixo do Saara). Sente a diferença?

Existe algum desconforto com essa informação? Preste bem atenção, você é da raça branca ou negra? Como essas questões o tocam? Você já leu ou estudou algo sobre o tema racismo? Quando não estudamos, não temos referências, parece que já sabemos, que todos sabem o que é racismo. Mas se você não estudou, não sabe, embora a grande massa ache que sabe e continua reproduzindo racismo.

Se você estiver afirmando a si mesmo que essas questões não têm importância, então o "incômodo" já está instalado. Você consegue perceber o que é esse "incômodo"?

Por que muitos falam de Orixá, negando ou apagando sua origem?

Desinteresse, incômodo, não dar importância à origem negra africana do Orixá, tudo isso é uma forma de racismo.

Mesmo que lhe pareça sútil ou menos importante, essa é a base onde opera a intolerância racial, a intolerância religiosa ou o racismo religioso.

Isso aparenta ser tão inofensivo, que a princípio parece não agredir ninguém. Só que não!

O desinteresse, a falta de dar a devida importância ou o apagamento das origens negras africanas são formas de racismo.

Esse racismo, sempre tão bem disfarçado, está presente na construção plural da cultura brasileira, que pregava oficialmente ser um país de "democracia racial". Só que não, também.

Segundo Laurentino Gomes, o racismo é resultado de 350 anos de escravidão unida à construção opressora, colonial, patriarcal, canônica e dogmática de mundo centrado na Europa Branca, eurocentrismo, tendo por base a afirmação pseudocientífica intelectual da inferioridade da raça negra em comparação à raça branca.

Biologicamente somos uma única raça humana, no entanto, socialmente foi criada a ideia de raças segundo a cor da pele, associada à ideia de evolução das espécies de Darwin, e pronto, quanto mais branco mais evoluído, menos branco menos inteligente, menos capaz, menos humano. Está inserido no inconsciente coletivo, brancos e negros reproduzem esses conceitos muitas vezes sem se dar conta. Então, estudioso ou estudiosa de Orixás, vamos fazer deste momento uma tomada de consciência, necessária para se entender o mundo e também os Orixás, em sua origem africana, negra, nagô, iorubá.

Ignorar a origem africana dos Orixás é uma forma de racismo religioso, sutil, não menos agressivo que uma ofensa, pois a base de construção de mundo racista é a mesma.

Não podemos falar de Orixá, de uma herança cultural imaterial africana negra, sem olhar para sua origem africana. Não é possível pensar na África sem tocar no assunto racismo.

A visão racista distorce a realidade e o entendimento de quem são os Orixás.

Precisamos curar relações étnicas, rever a visão de mundo e cuidar de nossas palavras, de nossas frases, de nossas gramáticas, que constroem e destroem mundos.

Antes de pensar Orixás na Umbanda, devemos pensar Orixás na África, e para tal é preciso perguntar qual África?

Entendeu? Essa é a razão da pergunta inicial:

Qual África existe em sua mente?

Pergunte a si mesmo. O que lhe vem à mente, uma civilização primitiva? Atrasada? Menos evoluída? Há relação entre a cor da pele negra e esse algo de primitivo atrasado?

O pior do preconceito ou do racismo é negar que ele existe.

O Brasil é um país racista, de uma construção intelectual eurocêntrica eugenista. Já foi algo aceito como ciência afirmar a inferioridade do negro, dizer que entre o macaco e o homem, o negro está mais próximo do macaco, ou seja, não é nem humano.

A África já foi considerada o inferno na Terra, lugar de homens selvagens e infiéis, o que garantia o direito branco europeu de escravizar, matar, agredir de todas as formas o povo negro, e ainda abençoar a agressão com o batismo de almas, dizendo que estão se salvando do inferno ao se tornarem cristãos.

Eles estão cativos, como animais primitivos, primatas, merecem todo tipo de agressão por serem infiéis, condenados ao inferno, e devem agradecer a toda essa brutalidade para salvar sua alma.

Quem é primitivo, afinal?

Quem era, de fato, atrasado?

Precisamos corrigir esse olhar para a África Negra Subsaariana e para as diversas culturas e etnias negras africanas, para entender o mínimo sobre Orixá, Vodum, Inquice ou qualquer outros valores de origem africana.

ORIXÁS NA UMBANDA

Não à toa, o olhar afro-cêntrico afirma: danço, logo existo; canto, logo existo; sinto, logo existo; incorporo, logo existo; ritualizo, logo existo; em contrapartida do penso, logo existo cartesiano, que nega a capacidade de pensar a quem pensa diferente. Impor suas ideias faz parte do pensamento colonizador em dominar o mundo à força, negando e demonizando os saberes de outros povos e culturas. Esses são os bárbaros que mataram e escravizaram milhões de seres humanos em seu mundo de desencanto, de método científico, dogmas, doutrinas, fuzil e chicote.

O mundo eurocêntrico declara que a existência humana está condicionada ao fato de pensar a partir do seu modelo ou forma particular de criar o mundo, com a chancela canônica, dogmática, do carimbo de metodologia científica, primazia de exclusividade ocidental.

Bunseki Fu-Kiau, grande mestre *nganga* (curandeiro), da cultura Bakongo, em sua obra *A Cosmologia Africana Bantu-Kongo*, traduzida para o português em 2019 por Tiganá Santana Neves, afirma que não é possível entender as estruturas de pensar o mundo de determinada cultura sem o entendimento de sua linguagem. A forma de construção da linguagem revela a forma de construção e entendimento de mundo daquele povo.

Cheikh Anta Diop, um dos maiores especialistas sobre a origem milenar e ancestral das culturas negras subsaariana, afirma que o Egito representa para toda a África o que a Grécia representaria para o Ocidente. Com o detalhe de que muito mais antigo também foi o Egito, que deu base para a cultura e a filosofia gregas, como afirmavam os próprios filósofos gregos.

É possível observar, em toda a África, filosofias muito semelhantes em suas cosmologias e formas de se entender no mundo.

Molefi Kete Assante, criador do conceito de afro-centrismo, e Cheikh Anta Diop afirmam e comprovam a origem egípcia de povos, etnias e culturas negras africanas como Bantus, Gêges ou Iorubás (povos que mais nos influenciaram no Brasil).

Diop chegou a fazer exames de melanina, pigmento, na pele de múmias egípcias e comprovou que eram negros. Esse fato coloca a etnia negra no ponto mais alto da construção de civilização.

Uma origem comum para toda a África negra pode apontar para uma mesma estrutura de mapa mental, de construções intelectuais, e formas de se perceber no mundo.

Esse fato pode ser percebido com as semelhanças entre as diversas línguas da África Negra e também de seus sistemas de cosmovisão.

Nei Lopes e Luiz Antonio Simas, no livro *Filosofias Africanas: uma introdução* (Civilização Brasileira, 2020), demonstram que há uma "unidade que se manifesta na noção comum sobre o fenômeno Força Vital (chamado 'nguzo' entre os povos Kongo, 'tumi' entre os Akan, 'axé' entre os Iorubás, também tem a ver com o conceito de Moyo para os Bantus). E a diversidade é expressa no entendimento e na extensão desse fenômeno entre cada povo."

Para os povos Bantus, os primeiros a chegar escravizados no Brasil, Moyo é um poder de realização, poder de magia, que aumenta à medida que você absorve outros deuses e outras culturas. Por isso, os Bantus já foram chamados de "devoradores de deuses".

No Rio de Janeiro, a Macumba de predominância Bantu absorve o culto de Orixá de origem Iorubá, assim como sincretiza Santos católicos e Voduns da cultura Jeje. Ali é onde surge e é construída uma identidade plural da Umbanda. O culto aos Orixás não segue uma raiz Iorubá como acontece no Candomblé Ketu Baiano, o que mais se aproxima da Macumba é o Candomblé Angola Kongo ou Candomblé de Caboclo, com estrutura de origem Bantu e culto também para Caboclos e Orixás.

Podemos pensar, no mínimo, em duas origens para a Umbanda tal qual conhecemos hoje:

Uma origem que vem de um Espiritismo que absorve valores da cultura negra e cabocla em sua estrutura de terreiro, entidades e culto aos Orixás, que já foi chamado de Espiritismo de Umbanda ou Umbanda Branca, na qual não se usava atabaque, abate religioso e feituras de iniciação, por conta da perseguição policial e do racismo religioso, interno e externo.

E a origem que vem da Macumba como ritual afro-brasileiro de ascendência negra Bantu, que predomina no Rio de Janeiro, antes da grande expansão da Umbanda, com culto de Inquices e que absorveu parte de um Catolicismo popular, linguagem espírita e chamada de Caboclos. Boa parte da Macumba passou a se identificar como Umbanda Omolocô, Umbanda Mista, Umbanda Trançada, Umbanda Bantu-Ameríndia, Umbanda de Almas e Angola, Umbanda Negra.

Hoje são considerados maiores expoentes das duas vertentes de origem: Zélio de Moraes, para Umbanda Branca ou Espiritismo de Umbanda, e Tata Tancredo, para Umbanda Omolocô ou Umbanda Negra.

O que vivemos hoje como Umbanda é resultado dessas duas vertentes e muitas outras que viriam depois como Umbanda Esotérica, de Oliveira Magno (1950) e de WW da Matta e Silva (1956 – Umbanda de Todos Nós).

Mais recentemente, meu saudoso Mestre Rubens Saraceni estruturou toda uma Teologia de Umbanda para pensar Umbanda enquanto Religião a partir da sistematização de seus saberes teológicos, por meio de mais de 50 títulos publicados, com cerca de um terço deles dedicado a Doutrina, Teologia e Ritual da Religião Umbanda.

O entendimento dos Orixás a partir da Umbanda passa por todos esses atravessamentos e encruzilhadas, por autores e concepções de mundo muito diversas.

Rubens Saraceni em seu primeiro título, publicado em 1995, *Umbanda – o ritual do culto à natureza*, define Umbanda como "Energia viva e divina que se amolda à nossa visão de mundo". Ali ele não estava falando das tentativas de estruturar uma religião a fim de apresentá-la à sociedade e aos novos adeptos, como ocorre com Teologia e Sacerdócio de Umbanda. Ele estava falando da parte mais essencial, da espiritualidade de Umbanda que se acomoda às nossas visões de mundo particulares e o que mais for possível absorver. Agora calma, respira, pausa, sente este parágrafo e seus saberes.

Por isso eu afirmo que existe uma Umbanda para cada umbandista, por isso a Umbanda está em constante movimento, por isso a Umbanda não cabe em livro nenhum e os livros precisam ser constantemente reescritos, como os meus que, com pouco mais de dez anos de escritos, já estou atualizando-os, a exemplo das minhas obras *História da Umbanda e Orixás na Umbanda*. Isso porque hoje temos muito mais informação do que há dez ou vinte anos, quando comecei a escrever meu primeiro livro *Deus, Deuses, Divindades e Anjos*, todos publicados pela Madras Editora.

A Umbanda é dinâmica como deve ser uma Espiritualidade Livre e Natural, no entanto, os modelos criados para defini-la enquanto religião precisam ser constantemente atualizados, pois enquanto a espiritualidade é livre, a religião é dogmática, fixa, estável, mas ambos os conceitos são importantes e convergem para a forma como pensamos Orixá a partir da Espiritualidade Umbanda ou da Religião Umbanda.

Os Inquices são as forças da natureza; assim como Zambi sincretiza com Olorum, os Inquices se sincretizam com os Orixás, a saber:

>Aluvaiá com Exu,
>Matamba com Iansã,
>Zazi com Xangô,
>Angorô com Oxumaré,
>Dandalunda com Oxum,
>Vunji com Ibeji,
>Katende com Ossaim,
>Zara Tempo com Iroko,
>Mutalambô com Oxóssi,
>Nkossi com Ogum,
>Lembá com Oxalá,
>E Pambunzila se tornou Pombagira.

Os Orixás estão ligados à natureza e, ao mesmo tempo, são os ancestrais do povo Iorubá. O culto puro ou de raiz Iorubá é bem fechado e iniciático como se observa no Candomblé, em que é preciso entender, falar e cantar em Iorubá para se relacionar com o Orixá, passar por iniciação para recebê-lo e ter, no mínimo, sete anos de iniciado, com obrigação de três e sete anos para falar ou ter autonomia religiosa no culto.

No entanto, ao sincretizar os Orixás com os Inquices, enquanto forças da natureza, também, e não apenas, o seu culto se torna simples e aberto a partir de um olhar que parte desde dentro da Umbanda. Por meio das palavras de Caboclas, Pretas-Velhas, Exus, Pombagiras, Ciganos, Marinheiros, Crianças, todos falam de Orixás com muita simplicidade, muito acessível, com a linguagem do amor.

Não sabemos Iorubá, nem quimbundo ou fom, no entanto a Umbanda busca a linguagem do coração, por meio do idioma que você conhece, além de ancestrais negros africanos Iorubás, Orixás são também Deuses, Divindades, Forças da Natureza, Consciências e manifestações de Deus/Deusa, Olorum, Zambi, Tupã.

Deus ou Deusa, por meio de seus vários nomes e interpretações, ouve a voz de nossos corações, de nossa alma, e é assim que as entidades de Umbanda nos ensinam a nos comunicar com os Orixás.

A DANÇA DOS ORIXÁS

Segundo a socióloga Oyèrónkẹ́ Oyěwùmí,[4] mulher, negra, africana, nigeriana, a língua e a cultura iorubá antiga não tem distinção de gênero, uma informação que parece muito simples mas que muda completamente nosso entendimento sobre Orixá.

Olorum é traduzido como Senhor do Orum, no entanto Oló não tem gênero, poderia ser tanto Senhor como Senhora; o mesmo se dá para Olokum, Senhor ou Senhora do mar.

Obá não é sinônimo de Rei, poderia ser Rei ou Rainha, Dono ou Dona, Senhor ou Senhora. Dessa forma, o nome Obaluaiê e todos ou todes os nomes de Orixás estão acima da questão de gênero, embora possam assumir ou ser reconhecidos masculinos ou femininos, o que muitas vezes tem mais a ver com nossa construção ocidental, patriarcal, machista de gênero do que a essência em si das deidades Orixás.

Por esse fato, encontramos Orixás como Onilé, Olokum, Odudua, Oxumaré, Logunedé em algumas lendas como masculino, em outras como feminina, com duas identidades de gênero ou sem identidade de gênero, que seria o mais correto para Olorum, por exemplo. Esses aspectos para Deus, Deusa, Deuses e Divindades não têm a ver com nossos conceitos de gênero humano e sim com a essência de um poder de realização que, em sua origem, não tem gênero ou sexo. Algo semelhante ocorre com os Anjos, definir sua identidade de gênero foi um problema teológico em Roma; o que já estava resolvido no Judaísmo, e que é incógnita para a raiz de onde procedem os Anjos, os Mensageiros com construções espirituais também permeadas na cultura africana e no Oriente Médio, somente com Cristianismo chega à Roma.

---

4. Oyèrónkẹ́ Oyěwùmí. *A Invenção das Mulheres – Construindo um sentido africano para os discursos ocidentais de gênero*. Rio de Janeiro: Bazar do Tempo, 2021.

Voltando a Oyèrónkẹ́ Oyěwùmí, a autora se refere aos Orixás em geral e cita Exu em específico, dizendo que Exu não é masculino nem feminino, não tem sexo ou gênero.

Isso não quer dizer que todas as nossas leituras e interpretações estão erradas, ou que vamos mudar completamente nossa forma de entender Exu e os demais Orixás, e sim que precisamos ser mais humildes no que consideramos certo ou errado. O que nos parece errado pode ser apenas um outro certo, o certo para o outro.

Exu responde como divindade fálica masculina em muitos cultos e tradições africanas iorubás e também nas tradições afro-brasileiras, isso não impossibilita outras interpretações diferentes ou outros olhares.

A autora, jornalista, mulher negra do samba, sacerdotisa de Umbanda, iniciada no Candomblé, doutora em ciências da religião, Dra. Claudia Alexandre, defendeu tese, na PUC, sobre Exu de Saia, em que reconhece o aspecto feminino de Exu. Na tese, são apresentadas imagens antigas de Exu em formas femininas, cultuadas na África e no Brasil. Em sua tese de Mestrado, Claudia Alexandre publicou *Orixás no Terreiro Sagrado do Samba – Exu & Ogum no Candomblé da Vai-Vai*, na qual cita depoimento de Pai Francisco da Oxum, em que ele revela cultuar um casal Exu e Exua. Há um consenso oculto de que Exu tem uma parte feminina que está nele mesmo ou em uma parceira desconhecida que assume alguns outros nomes para se valer todo o poder de Exu em seu aspecto ou contraparte feminina.

Na Umbanda, Pombagira passou a ocupar esse lugar feminino que faz par com Exu, enquanto masculino.

Na Umbanda, em geral Exu se manifesta como entidade, guardião, espírito, o que não nega a existência do Orixá Exu. Pombagira é seu par feminino, entidade, espírito, no entanto não existe Orixá Pombagira na cultura nagô iorubá, assim como não existe nas tradições afro-brasileiras iorubás, como o Candomblé Ketu Iorubá.

Dessa forma, quando alguém diz que não existe Orixá Pombagira, essa pessoa está certa, e eu concordo com ela a partir desse olhar tradicional Iorubá, não há discussão.

Npambu Njila é Inquice, divindade africana é o nome de uma divindade, negra, africana, Bantu, que existe tanto na língua quimbundu falada em Angola quanto no quicongo falado no Congo.

Para alguns sacerdotes e sacerdotisas de Cultos Bantu Angola Kongo, Panbunzila é masculino, para outros é feminina, e alguns concordam que não tem gênero ou pode assumir os dois gêneros. O machismo estrutural impede de se entender como uma divindade pode ser masculina e feminina; no entanto, para a Divindade, essa condição revela que seu poder não está limitado a um único gênero, o que vale para Olorum ou para Anjos pode valer para Exu, Oxalá ou Odudua, por exemplo. Na nossa impossibilidade de compreender, surge a necessidade de assumir outros nomes, ou absorver outros deuses como Panbunizila em seu aspecto feminino para ser par de Exu. Sendo Exu um Orixá, Pambunizila não seria menos; logo, um Inquice se tornar Orixá é impensado para a tradição de Candomblé Tradicional Iorubá no Brasil, ainda assim o fenômeno não é incomum.

Nanã Buruquê, Omolu e Oxumaré têm origem Gêge como Voduns e se estabelecem como Orixás. Boa parte da mitologia de Orixás migra para a cultura de Voduns de língua Fon, os Gêge, onde Ogum se torna Gu, Orumilá Ifá se torna Fá; e Elegbará, o Exu dos Gêge, se torna "qualidade", epíteto, de Exu para os Iorubá.

Babá Exu se torna o velho Papa Légbá no Voodoo Haitiano, assim como surge Eleguá, a criança pura de Olodumaré, que se diferencia do temido Exu, na Santeria Cubana.

Por isso não devemos jogar pedras no telhado do conhecimento alheio, pois todos os telhados feitos de conhecimento são de vidro e quebram com o tempo, apenas a sabedoria é maleável como a água e contorna todos os obstáculos.

Uma antiga lenda Iorubá diz que entre o Ayê e o Orum havia um grande espelho onde era possível ver a verdade como algo único. Certo dia, uma jovem pilando inhame, sem querer, acertou o espelho com seu pilão, quebrando-o em infinitos de pedaços. Muito preocupada, assustada e sentindo-se culpada, ela procura as velhas e velhos sábios Babalaôs para se consultar, e se surpreende ao encontrá-los felizes com a quebra do espelho. Eles lhe explicaram que, a partir daquele momento, cada pessoa teria seu próprio espelho como um fragmento da verdade maior. Ninguém seria possuidor ou dono da verdade, pois cada um de nós consegue, no máximo, encontrar sua própria verdade.

Portanto, quando o assunto for espiritualidade, a única coisa que importa é encontrar a sua verdade e saber que cada uma tem uma parte dessa verdade maior. Somos fragmentos de verdade, e tentar impor nossa verdade é querer que a outra viva a partir do nosso espelho. Pense nisso, assim como há uma Umbanda para cada umbandista, há uma verdade para cada um de nós sobre nossa espiritualidade, e não há certo ou erado na forma de nos relacionarmos com os Orixás, e sim apenas o que faz sentido para cada um de nós.

COSMOGONIA DOS ORIXÁS

Existem muitos mitos e lendas para explicar quem são os Orixás e qual sua origem divina. Não vamos fazer essa leitura, que já foi realizada por muitos autores, mas sim observar uma ou outra que fale de Cosmologia dos Orixás, ou seja, como eles surgiram e criaram o mundo com suas realidades. Há muitos mitos contados de forma diferente em regiões distintas da África ou do Brasil. Não existe consenso mitológico, alguns mitos são regionais e vão ressaltar a importância dos Orixás cultuados em determinada região.

Nei Lopes, no excelente livro *Ifá Lucumí*, apresenta parte da filosofia de Ifá, da forma como sobreviveu em Cuba, e traz um mito da criação do mundo no qual Exu desponta como anterior a tudo:

> "No princípio só existia a escuridão total, onde morava Exu-Elegbara. Dentro dela, havia um núcleo de Luz, ar e água, onde morava Olofim. Então Olofim resolveu fazer o tempo caminhar, dando origem, assim, a um número infinito de baixas vibrações, para tecer o Universo. Depois, soprou com força; e das partículas de seu hálito formaram-se as estrelas e os sistemas planetários. Quando Olofim criou as estrelas, a escuridão total se iluminou. Então Exu-Elegbara perguntou a Olofim quem ele era. "Eu sou Olofim", respondeu o Ser Supremo. "Eu vi que a escuridão que nos rodeia não fornece base para a plenitude da existência. Por isso, resolvi criar a Luz, para que a vida possa florescer e ficar bonita." Exu-Elegbara, embora reclamando por ter perdido o espaço que ocupava, concordou com Olofim e resolveu colaborar em Sua tarefa, ajudando a formar, fazer

crescer, transformar, comunicar, desenvolver, mobilizar, resolver todos os impasses, achar todos os caminhos necessários e auxiliar os seres humanos e as entidades espirituais em suas atribuições. Em seguida, Olofim criou Olodumare e Olorum, entregando ao primeiro o domínio dos espaços e, ao segundo, o domínio da energia. Esses dois tornaram-se, então, os senhores do Universo, que compreende nosso sistema solar, a Terra e a Lua. Olofim é, assim, o aspecto criador por excelência, causa e razão de todas as coisas, a personificação da Divindade, aquele que se relaciona diretamente com os Orixás e os homens. Olodumare é o Universo com todos os seus elementos, a manifestação material e espiritual de tudo quanto existe na natureza. Olorum é o Ser Supremo – força vital e energia impulsionadora do Universo, manifestada através do Sol que aquece e ilumina. Então, Olofim criou Odudua, Obatalá e Orunmilá, que seriam os benfeitores da futura humanidade". (p. 117-118)

Essa é uma das lendas mais lindas que já vi sobre a preexistência de Exu sobre todas as outras divindades, sua presença anterior a tudo também me remete à forma como Rubens Saraceni pontua o mesmo Orixá Exu na Cosmologia Umbandista como anterior a tudo, senhor do vazio, que antecede a criação.

Rubens Saraceni psicografou um texto inspirado, que se tornou o livro Orixá Exu, Madras Editora, sobre uma Cosmologia Umbandista, a partir dos Orixás enquanto estados da Criação, em que no início, quando só havia Olorum, existia apenas o nada como campo das intenções do Orixá Exu, no interno da Criação, que é em si Olorum.

A partir do nada, Olorum cria a realidade externa a si mesmo como um vazio que é, em si, a criação do Orixá Exu e seu domínio (Vazio), para logo após ocupar esse vazio com a plenitude de Oxalá, surgindo o espaço onde toda a Criação será manifesta. Essa Gênese da Criação, na obra de Rubens Saraceni, parece-me bem próxima do mito de Ifá narrado por Nei Lopes, com estruturas de linguagem e conceitos próprios.

Nesse olhar teológico da obra de Rubens Saraceni, cada Orixá é a individualização de diferentes estados, qualidades, atributos e atribuições do Criador Olorum na criação e sustentação dos mundos e realidades. Assim, Oxalá é o espaço, Logunan o tempo, Iansã é quem dá movimento à criação, Ogum a Ordem, Xangô o Equilíbrio, Oxum agrega as forças e elementos, Oxumaré colore os mundos, Obaluaiê transmuta tudo, Nanã decanta as realidades, Oxóssi o expansor, Obá a concentradora, Iemanjá o poder criador e gerador em si, Omolu o fim de cada coisa criada, Exu a vitalidade da criação regendo os limites externos, e Pombagira a alma ou o interior de tudo na criação.

Dessa forma, todos os Orixás participam da criação em aspectos diferentes, bem como participam de nossas vidas. São ainda os Orixás associados a vibrações e elementos agrupados nas sete irradiações do Criador. Vibração da Fé, Oxalá no Espaço e Logunan no Tempo; do Amor, Oxum e Oxumaré no Mineral; do Conhecimento, Oxóssi e Obá no Vegetal; da Justiça, Xangô e Oroiná no Fogo; da Lei, Ogum e Iansã no Ar; da Evolução, Obaluaiê e Nanã Buruquê na Terra e Iemanjá e Omolu na Água.

Assim, de formas diferentes, ambos os autores identificam Exu anterior a tudo na Criação, sem o qual esta não poderia de se manifestar.

Segundo Síkírù Sàlámi King e Ronilda Iyakemi Ribeiro, em Exu e a Ordem do Universo:

> "O primeiro Orixá criado por Eledunmare foi Exu, chamado de Irawo-Akoda, *Primeira estrela a ser criada, Primeiro ser criado, O filho maior, Aquele que vinga mais ou que será maior que os outros, Modelo para os demais.* Lembremos também que Eledunmare atribuiu a Exu duas incumbências: favorecer o fluxo da força dinâmica dos demais orixás e inspecionar os rituais. Sem o seu axé torna-se impossível o fluxo de axé de qualquer outro orixá. Ou seja, Exu detém o poder de tornar possível, a cada orixá, a manifestação de seu axé específico.
>
> Para melhor compreender as relações entre Exu e os demais orixás lembremos que na sociedade iorubá a hierarquia é fundamental, competindo ao mais velho conduzir os outros. O culto aos orixás, também baseado num sistema hierárquico bem definido, onde cada peça ocupa seu lugar, determina que Exu seja cultuado em primeiro lugar.
>
> Criado para ser o alaxé, guardião, mensageiro, portador e transmissor de axé dos orixás e dos ancestrais, Exu é responsável por sua perpetuação. Por esse motivo, em todo ritual é necessário

evocá-lo antes de qualquer outra divindade, para que transmita o axé da oferenda ao orixá que está sendo cultuado".[5]

Há ainda encontros e desencontros entre Orixás, Voduns e Inquices divindades das culturas Iorubá, Fon e Bantu. O orixá Exu tem como correspondente o Inquice Aluvaiá e Pambunigila, assim como o conhecido Vodun Légba.

O autor Mawo Adelson de Brito, da Liturgia Savalu, situada na região do Benin, explica que nessa localidade e cultura africana *cultuam-se os Voduns do Daomé e também as entidades divinizadas Nagô-Vodun, que são Orixás cultuados como Voduns*. Brito, no livro *Exu*, cita rituais nagô-vodun, que caracterizam "Candomblés Jeje-Iorubá-Nagô", os quais sincretizam o Vodum Légba com Exu Elebara, de tal forma que se pode afirmar que Exu Elebara é Vodun Légba.

Afirma o autor que *Exu é conhecido entre os povos fon, da região onde ficava o antigo Daomé, pelo nome de Léba: o Deus que conhece todas as línguas faladas por todos os seres existentes no espectro cósmico – de Deuses a humanos. Só ele conhece a língua que o binário criador do universo Mawu-Lissa, o Deus da Criação, fala e, por isso, Léba é o linguista de Mawu*. Para figurar essa posição de Léba, Adelson conta uma lenda, um mito (Itan) em que:

> "Léba foi o sétimo e último filho do casal divino, os Voduns Mawu e Lissá. Muito mimado e o preferido de Mawu, sua mãe, Léba não quis sair de perto dos pais amorosos, e a convivência permitiu que o caçula aprendesse todos os idiomas e soubesse de tudo que se passa na vida da humanidade. A cada um dos filhos, Mawu ensinou uma língua diferente para que usassem em seu próprios domínios. Com o tempo, as muitas demandas e atividades, os Voduns foram esquecendo como fazer para se comunicar com Mawu e apenas Léba, que nunca havia saído de casa, lembrava da língua materna e das outras. O resultado disso foi que, para se comunicar com as forças criadoras, os Voduns e a humanidade passaram a precisar de Léba para intermediar a comunicação. Léba então passou a estar em todos os lugares para levar e trazer mensagens, passando a ser o único capaz de abrir os Portões Sagrados, levando as

---

5. King & Ronilda, 2011, p. 298.

orações, os agradecimentos, pedidos e oferendas. Esse Vodun é o regente do dom da palavra e da comunicação".[6]

Esse mito nos faz lembrar o quanto Exu Elegbara e Léba Légba são considerados os grandes comunicadores que levam as mensagens da humanidade aos demais Voduns e Orixás e vice-versa. Ao mesmo tempo, vemos uma lenda na qual Léba é filho mais novo do Criador-Criadora de tudo e de todos. Essa jovialidade de Léba nos faz lembrar ainda de Eleguá, que nos cultos afro-cubanos é Exu enquanto criança de Olodumarê. Eleguá em sua pureza é sincretizado com o menino Jesus e, dessa forma, revela aspectos da força primordial de Exu em sua arte brincante entre mundos e universos que nos habitam.

As facetas de Exu são muitas; se por um lado pode ser o mais jovem, faz surgir o mais velho Papa Légba nos rituais afro-haitianos conhecidos como Voodoo. Papa Légba ou Papa Lebá é o mais velho dos Exus, o mais respeitado. Ele se mostra muto parecido com um Preto-Velho, carregando em uma mão o cajado que liga os mundos superior e inferior, um molho de chaves que abre todas as portas da criação, e vem vestido com uma camisa xadrez vermelha, branca e preta, e o nosso avô ancestral com todo o poder que o primeiro dessa linhagem deve ter.

Lendas e mitos são relatos, de metáforas, que encantam nosso mundo com seus mistérios. Há algo nos arquétipos que se repetem no inconsciente coletivo da humanidade e revelam algo da psique humana. Estudar os mitos nos ensina muito sobre o comportamento humano e como repetimos padrões.

Aqui neste estudo, Orixás na Umbanda, vamos estudar essas divindades, de forma sistemática e organizada a partir das Sete Linhas de Umbanda, e vamos também trazer algo como uma mitologia comparada, observando quem corresponde a Deusa Oxum em outras culturas, e assim por diante, com 16 Orixás, que marcam os estudos da Teologia de Umbanda, idealizados por meu saudoso Mestre Rubens Saraceni, e que têm na minha pessoa uma continuidade de estudos para nos aprofundarmos cada vez mais na alma humana, bem aí, onde mora o sagrado e o divino em nossas vidas.

---

6. Brito, 2018, p. 13.

ORIXÁS CÓSMICOS E UNIVERSAIS

"A Ciência Divina nos ensina que tudo o que Deus projeta tem dupla polaridade."

Pai Benedito de Aruanda

O Criador não se contradiz em suas leis, o mesmo que verificamos na realidade material pode ser observado nas realidades espiritual, divina e natural. O que quero dizer ou o ponto em questão é que, da mesma forma que há o masculino e o feminino na matéria, também há na realidade das divindades Orixás femininos e Orixás masculinos. A distribuição ou organização e idealização dos Orixás se dão de igual para igual tanto em masculinos quanto em femininos, isso quer dizer que para cada Orixá masculino existe um feminino correspondente. Embora nem todas as correspondências sejam conhecidas, além do fato que confundimos pares de afinidade com pares correspondentes, há ainda uma grande quantidade de Orixás pouco conhecidos e outros totalmente desconhecidos ou que perderam todas as referências de culto.

Mais uma vez lembramos que, pensando nessas dificuldades de conhecer, estudar e cultuar os Orixás, os mentores de Rubens Saraceni e sua obra, mais especificamente Pai Benedito de Aruanda, apresentam uma opção de estudar 14 Orixás distribuídos aos pares nas Sete Linhas de Umbanda. Para cada linha, ou vibração, um masculino e um feminino. Além de classificar as divindades, Orixás como masculino e feminino, também os identificamos como "universal" ou "cósmico", em que essas palavras recebem um novo sentido e interpretação, que explico e apresento a seguir.

Observação: essa é apenas uma maneira de estudar e abordar os Orixás, existem outras formas e muito mais que 14 Orixás, os quais reconhecemos, aceitamos e estudamos também.

Os Orixás universais atuam principalmente (mas não apenas) quando estamos equilibrados e virtuosos no sentido da vida ou linha de Umbanda na qual eles trabalham. São amparadores e sustentadores de nossas ações positivas. Os Orixás universais não mudam nossa ação, apenas potencializam e sustentam, e por isso, também, são considerados passivos. Atuam no sentido de ressaltar as qualidades já encontradas no ser, são multicoloridos e assim valorizam as cores originais de algo ou alguém (no sentido metafórico); irradiam-se em todos os padrões vibratórios e chegam a todos que vibram positivamente. Quando alguém está vibrando de modo positivo em algum sentido da vida estará amparado pelo Orixá universal correspondente. O Orixá universal, ao identificar esse positivismo como uma virtude em seu campo de atuação, irá agir de acordo com a necessidade e o livre-arbítrio da pessoa positivada. O Orixá universal tanto potencializa um sentimento e virtude que já existe quanto ocupa a falta desse sentido na vida do ser virtuoso, que por algum motivo se sente vazio daquela qualidade ou atributo, como: fé, amor, conhecimento, justiça, lei, evolução e geração.

São universais: Oxalá, Oxum, Oxóssi, Xangô, Ogum, Obaluaiê e Iemanjá.

Os Orixás cósmicos atuam principalmente (mas não apenas) quando estamos desequilibrados, negativados ou viciados no sentido da vida ou linha de Umbanda na qual eles trabalham. São reparadores e retificadores de nossas ações positivas. Os Orixás cósmicos nos redirecionam a novos caminhos e mudança de ação e comportamento, por isso são considerados ativos em sua forma de atuar.

Atuam de forma intensiva a fim de transformar o ser, são monocromáticos (sentido figurado) e "impõem suas cores a tudo o que tocam ou trespassam", chegando a alterar a cor original de algo ou alguém; irradiam-se em um único padrão vibratório e só chegam a quem estiver vibrando no mesmo padrão. Quando alguém está vibrando negativamente em algum sentido da vida, estará amparado pelo Orixá cósmico correspondente. O Orixá cósmico, ao identificar esse negativismo como um vício em seu campo de atuação, irá agir de acordo com a necessidade e o livre-arbítrio da pessoa negativada. O Orixá cósmico tanto pode manter a pessoa no vício por alguma razão que lhe dê sentido ou pode atuar no sentido de afastá-la desse vício, o que pode se realizar de forma tranquila ou brusca, dependendo da situação.

São cósmicos: Logunan, Oxumaré, Obá, Oroiná (Egunitá), Iansã e Omolu.

Vamos exemplificar essa forma de atuação dos cósmicos e dos universais para ajudar na correta interpetação e compreensão deles.

O Criador se manifesta para nós e em nós de forma sétupla, seja por meio dos sete chacras, de nossas sete vibrações, sete sentidos da vida ou em sete irradiações, e para cada uma delas encontraremos um par de Orixás assentados, em que um a manifesta de forma cósmica e outro a manifesta de forma universal, onde um é masculino e outro feminino.

Dizer que são monocromáticos e que atuam em uma única cor é simbólico, figurado e metafórico. Aqui você deve entender cada linha, cada sentido da vida ou cada chacra como uma cor correspondente a cada Orixá. O cósmico fica centrado no sentido, linha, chacra e vibração a ser retificados, enquanto o universal ressalta suas qualidades para todos os sentidos da vida, tolas as linhas, vibrações, chacras e cores possíveis. Um Orixá cósmico da fé atua focado no que há de negativo na fé, enquanto o Orixá universal da fé atua e ressalta a fé nos campos da religiosidade e crença, amor, conhecimento, justiça, lei e evolução. O mesmo se dá para todos os outros Orixás cósmicos e universais, e assim fica mais fácil entender como cada um atua em nossas vidas com seus atributos (qualidades) e atribuições (ações e campos da vida).

ORIXÁS UNIVERSAIS

PAI OXALÁ

Pai Oxalá é a divindade masculina da Fé, Orixá da Fé, senhor da paz, tranquilidade e esperança.

Divindade de Umbanda, é o Trono Masculino da Fé, irradia a Fé o tempo todo de forma passiva e universal, o que quer dizer que não força ninguém a viver nenhuma situação ou experiência relacionada à fé, sustenta e ampara a todos que vivem a fé de uma forma positiva ou virtuosa.

Fator magnetizador, o que quer dizer, energeticamente falando, que ele é o magnetismo de tudo o que existe na criação. Se nos atentarmos para o fato de que nada existe sem magnetismo ou energia, então podemos concluir que nada existe sem Oxalá e que ele está na base de toda a Criação. Também é seu um fator chamado de congregador, que congrega (magnetiza) as pessoas para um mesmo sentido, e daí o termo "congregação", que define um grupo que está congregado em uma mesma verdade (sentido).

Seu sentido é a fé e, da mesma forma que o fator, esse sentido dá base para os outros seis sentidos (amor, conhecimento, justiça, lei, evolução e geração). Sem fé não há amor (é preciso crer no amor e se entregar ao magnetismo atrator ou agregador), sem amor não há um conhecimento real e verdadeiro (é preciso amar o conhecimento para respeitá-lo, aprofundar-se e multiplicá-lo), sem conhecimento não se aplica a justiça (razão e equilíbrio), sem justiça não existe lei (ordem), da mesma forma sem esses sentidos não existe evolução (transformação) e muito menos geração (nascimento, morte e vida).

Seu elemento é o cristalino, o que não é um elemento de fato como os outros seis (mineral, vegetal, fogo, ar, terra e água). O elemento cristalino representa a pureza de todos os outros elementos e pode ser simbolizado por um cristal ou quartzo transparente. Pedra: quartzo cristalino.

Sua cor é o branco, que traz em si todas as outras cores; da mesma forma que um raio de luz se converte em arco-íris por meio de um prisma, o que se verifica no tão conhecido "disco de Newton", tem em si todas as cores.

Tem como símbolos a pomba branca da paz, estrela de cinco pontas ou mesmo a cruz da fé e do amor, a cruz de Jesus Cristo.

Seu ponto de força na natureza é qualquer lugar onde se possa sentir a paz do trono da fé, dando preferência muitas vezes a mirantes, campos abertos e bosques.

Este é o Trono principal, regente de nosso planeta. As divindades que representam esse Trono costumam estar no topo do panteão ou serem identificadas com o Sol que a tudo mantém e sustenta com sua luz e calor. Por isso o Trono Masculino da Fé, Oxalá, é facilmente encontrado em diversas culturas, com outros nomes e outras roupagens culturais, comumente representado como o Sol ou como a divindade que participou da criação, pois é a base dela. Sem o sentido da fé nada existe religiosamente. Na Umbanda, foi sincretizado com Jesus Cristo, expoente máximo da fé católica.

Seu nome tem origem na cultura nagô-yorubá, assim como os nomes de todos os outros Orixás, de origem cultural africana. Oxalá deriva de Orixá n'lá ou orixalá, o que significa o Orixá que veste o branco. Alguns traduzem seu nome como o maior dos Orixás ou o Grande Orixá, o que não seria uma tradução literal e sim um sentido de ser dessa divindade em sua cultura original. Pai Oxalá também é conhecido como Obatalá, o que quer dizer o Rei (Obá) que se veste de Branco (n'ti Alá).

Pai Oxalá está na base da Criação, onde ele representa o Espaço ao lado da Mãe Logunan, que representa o Tempo. Tempo e Espaço são a base necessária para a criação de qualquer dimensão da vida onde os seres se manifestam em uma cadeia de evolução como a nossa e por esse fato é muito difícil imaginar algo que esteja fora, acima ou além dessa realidade espaço/tempo. Tudo o mais que existe em nossa realidade se manifesta depois do espaço/tempo, com exceção de Exu e Pombagira, que são anteriores por representar o exterior e o interior de tudo o que é criado. Exu no Vazio que recebe o espaço de Oxalá e Pombagira no interior da Criação onde tudo tem origem em Olorum, Deus Criador.

Olorum é Deus e Oxalá é sua divindade da Criação, quem criou os homens e mulheres e deu forma a tudo o que existe.

Das cores, Oxalá é o branco que reúne em si todas as cores, das vibrações ou magnetismos Oxalá é em si o próprio magnetismo que toma forma nas diversas vibrações e magnetismos das demais divindades. Dos elementos ele é o cristalino, que é em si a pureza de cada um dos demais elementos, mas que pode ser simbolizado por um cristal translúcido, pelo qual se observam todas as demais realidades. Dos pontos de força, ele está presente em todos. No sincretismo, ele se associa a Jesus que está acima de todos os santos e que é considerado a segunda pessoa de Deus na trindade católica. Embora Pai Oxalá não seja Deus (Pai Olorum), das manifestações divinas é ele quem mais se aproxima da ideia de um pai ideal ou mesmo do conceito "pai", por isso Oxalá é o Grande Pai, mas não deve ser confundido com Deus, Pai Olorum.

A seguir, apresentam-se algumas divindades que têm essa mesma energia e vibração de Oxalá em outras culturas e religiões:

Apolo ou Febo; Hélios; Brahma; Suria; Varuna; Rá; Khnum; Baldur ou Balder; Brán; Anu; Nusku; Utu; Shemesh; Dagda; Inti; Kinich Ahau.

Apolo ou Febo – Divindade grega, filho de Zeus com Leto; é o deus da Luz Solar, da música, artes e medicina. Senhor do Oráculo de Delfos. Divindade radiante, sempre moço e belo. Traz pureza, tranquilidade e espiritualidade.

Hélios – Divindade grega, irmão de Éos; era o próprio Sol, representado como um jovem com raios de luz saindo da cabeça. É considerado também aquele que ilumina e traz a iluminação, a Luz.

Brahma – É a primeira pessoa da trindade hindu (Brahma, Vishnu e Shiva). É o primeiro criado; criador, incriado, do Universo. Costuma se manifestar com quatro cabeças simbolizando os quatro vedas ("conhecimento"), livros sagrados para os hindus, quatro yugas (eras, ciclos de tempo e realidade pelas quais passa a humanidade, atualmente estamos na Kali-yuga, a era da destruição), quatro castas (classes sociais hindus). Tendo quatro braços, segura em cada uma das mãos uma "mala" (colar de oração hindu, simbolizando a tranquilidade da mente), uma colher e ervas (simbolizando os rituais), o Kamandalu (pote com água, simbolizando a renúncia) e os vedas (simbolizando o conhecimento). A mão que segura o "mala" faz um sinal, "abhaya mudrá", que representa o afastamento do medo. Aparece de olhos fechados em meditação, o que demonstra suas qualidades de paz e harmonia. Sua consorte, Sarasvati, o Conhecimento, manifestou-se a partir dele. Dessa união surgiu toda a criação.

Suria – Divindade hindu, Deus Sol; é a alma suprema dos vedas e deve ser adorado por todos os que desejam a libertação da ignorância.

Varuna – Divindade hindu, provém da raiz verbal "vr" ("cobrir, circundar"), circunda o Universo e tem como atributo a soberania, pelo Sol ele controla tudo, e dessa maneira fez três mundos, habitando em todos eles: céu, terra e o espaço intermediário de ar onde o vento é sopro de varuna. Sua morada é o Zênite, mansão de mil portas, onde fica sentado e a tudo observa; à sua volta ficam seus informantes que inspecionam o mundo e não se deixam enganar. Seu poder é ilimitado, assim como seu conhecimento; inspeciona todo o mundo, sendo senhor das leis morais. Varuna já foi um deus único e celeste perante a criação, com o tempo tornou-se divindade das águas, rios e oceanos.

Rá – Divindade egípcia; é o princípio da Luz, simbolizado pelo Sol; ele é mais do que o próprio. É ele quem penetra no disco solar e lhe confere a luz. Adorado como uma das maiores divindades egípcias e muitas vezes associado ao nome do Ser Supremo para lhe conferir este *status*, como Atun-Rá ou Amon-Rá.

Khnum – Deus local do Alto Egito; era um deus simbolizado com cabeça de carneiro. Tinha aspectos de criador, possuidor de um torno de oleiro, onde modelara o corpo de todos os homens.

Baldur ou **Balder** – "Distribuidor de todo o bem." Divindade nórdica, masculina, filho de Odin com a Deusa Mãe Frigga. Conhecido como Deus Sol, o todo radiante, de beleza incomparável. É conhecido como a deidade boa, pura e carismática. Deus pacífico. Conhecido ainda como "o bem-amado", "o santo", "o único sem pecado". "Deus da bondade", foi morto por obra de Loki. Frigga, sua mãe, pediu a todos, e a tudo, que jurassem não prejudicar o "deus radiante", mas esqueceu-se do "frágil ramo de agárico". Desse ramo, Loki fez um dardo e colocou na mão do cego Hoder, enquanto todos os deuses se divertiam tentando ferir Baldur com pedras e sem sucesso pelo juramento. Orientado por Loki, Hoder atira o dardo que mata Baldur. É dito que, quando um mundo novo e mais puro surgir, ele renascerá.

Brán – Divindade celta. "O abençoado." Brán é muito cultuado no País de Gales; é considerado o deus da profecia, das artes, dos líderes, da guerra, do Sol e da música.

Anu – Divindade sumeriana. O pai das divindades, destronado por Enlil. É o próprio céu, divindade do firmamento estrelado. O que reina na esfera superior. Adorado por sumérios, acádios e assírios e babilônicos como sendo a divindade maior, por vezes visto como o Deus Supremo. Senhor dos anjos e dos demônios, de todas as potências inferiores e superiores. Adorado como deus em Uruk.

Nusku – Divindade sumeriana. Deus da luz, adorado ao lado do deus da Lua em Harran e Neirab. Vizir de Anu e de Ellil. Tem como símbolo uma lâmpada.

Utu – Divindade sumeriana. Deus Sol sumério. Traz o título de "meu Sol" como "majestade", como eram chamados os reis e deuses chefes de panteão.

Shemesh – Divindade hebraica. Aparece com raios flamejantes saindo de seus ombros, saltando sobre montanhas com uma espada flamejante de serra nas mãos e tiara de fogo na cabeça, também simboliza o Sol. É a mesma divindade arábica Shams.

Dagda – Divindade celta que aparece como o grande pai de todos, chamado de "o bom deus". O poder de Dagda aparece como um sopro que torna os agraciados grandes trovadores.

Inti – Divindade inca do Sol, também chamado de "Servo de Viracocha". Protetor da casa real onde o imperador era chamado de "filho de Inti". É o grande doador da vida e da luz, divindade popular mais importante, com seu culto estabelecido em vários templos.

Kinich Ahau – Divindade maia do Sol, muito ligado ao Deus Criador Itzamná.

MÃE OXUM

Mãe Oxum é a divindade feminina do amor, Orixá do Amor, é a senhora do ouro (mineral) e também do ouro da vida que é o amor.

Divindade de Umbanda, é o Trono Feminino do Amor, irradia o amor o tempo todo de forma passiva e universal, o que quer dizer que não força ninguém a viver nenhuma situação ou experiência relacionada ao amor, sustenta e ampara a todos que vivem o amor de uma forma positiva ou virtuosa.

Fator agregador e conceptivo, traz a energia e o magnetismo de Amor, que agrega e une desde os átomos e planetas até as pessoas. Também atua nas concepções por meio dessas uniões que se estabelecem a partir de suas qualidades.

Seu elemento é o mineral, seu ponto de força fica nos rios e cachoeiras, seu símbolo é o coração, sua cor o dourado, rosa, azul ou amarelo.

Seu arquétipo é de uma jovem linda e encantadora, e nessas qualidades faz sincretismo com a virgem, Nossa Senhora da Conceição. As filhas de Oxum possuem, em sua maioria, estatura mediana, corpo e traços delicados, valorizam tudo o que é belo, são doces, meigas e ao mesmo tempo ciumentas, não abrem mão do que lhes pertence por direito ou afeto. Oxum é regente do elemento mineral. O canto, a música e os perfumes também estão em seu campo de atuação, o que a torna extremamente atraente ou atratora. O amor é o que atrai a tudo e a todos e tem uma relação estreita com a prosperidade. Muito pensam que Oxum traz o dinheiro por conta do ouro, mineral, no entanto é seu amor que atrai a prosperidade no momento em que se coloca esse amor em sua atividade profissional. Podemos não ter tudo o que amamos, mas é importante amar tudo que temos. Se você ama o que tem, muito mais lhe será ofertado, se você não ama o que tem, mesmo que seja pouco, lhe será tirado. A tão falada "lei da atração" pertence a Oxum, no entanto pouco se sabe que esse poder de atrair é um poder do amor. Coloque amor em seu comércio, em cada canto de sua "loja", e então ali veremos um lugar belo e encantador com pessoas encantadoras. Veja o encanto de sua profissão ou atividade profissional e todos conseguirão ver em sua obra muito mais que na obra alheia vazia de amor. Um profissional que se movimenta pela gânancia sempre será um medíocre ao lado de outro que se movimenta pelo amor.

A força, poder e mistério de Oxum não servem para fazer "amarrações", pelo simples fato de que ela, Oxum, não força ninguém a se sentir atraído por um outro alguém, no entanto o amor é o único poder real que pode manter acesa a chama que ilumina as relações, sejam elas quais forem.

A seguir, algumas divindades que têm essa mesma energia e vibração de Oxum em outras culturas e religiões:

Oxum, Afrodite ou Vênus, Hebe, Concórdia, Carmenta, Juturna, Pax, Lakshmi, Ganga, Ranu Bai, Hator, Ísis, Bast, Freyja, Blodeuwedd, Allat, Ishkhara, Kwan Yin, Chang Um, Tsai Shen, Kwannon, Maile, Erzulie, Astarte, Xochiquetzal, Chu-Si Niu, Sammuramat, Branwen, Anahita, Erzulie Freda, Partaskeva, Caritas ou Graças, Branwen.

Afrodite – Divindade grega, conhecida como Vênus entre os romanos. O nome já explica sua origem, "nascida da espuma", é a grande deusa do Amor, sua beleza era inigualável, casada com Hefaístos, teve casos com Ares, Hermes e Dionísio. Mãe de Eros e Príapo.

Hebe – Deusa grega da juventude, era responsável por servir o néctar e a ambrosia, alimento dos deuses. A criada ideal dos deuses, quando Héracles ganhou a imortalidade, tornou-se sua esposa.

Concórdia – Divindade grega da reconciliação e da harmonia.

Carmenta – Divindade romana, padroeira dos partos e dos recém-nascidos. Recebia oferendas de arroz e pastéis, modelados na forma de genitálias femininas. Costumava-se pedir a ela que lhes desse um parto tranquilo.

Juturna – Divindade romana das fontes e águas sagradas, senhora das profecias.

Pax – Divindade romana da Paz.

Lakshmi – Divindade hindu do ouro, fortuna, prosperidade, beleza e amor. Consorte de Vishnu. Muito popular na Índia, sendo considerada a mais próxima dos seres humanos. Quer o bem-estar de todos sem se preocupar com suas ações ou seu passado. Surgiu das águas cósmicas da eternidade. Traz riqueza material e espiritual.

Ganga – Divindade hindu que é o próprio Rio Ganges ou aquela dos seios dos quais o rio saiu.

Ranu Bai – Divindade hindu que com a água de todos os rios em seu jarro de ouro trazia a fertilidade às mulheres.

Hator – Divindade egípcia, "a casa de Hórus", senhora do céu e do horizonte (em dendera). Uma das divindades que melhor representa o sentido do amor.

Ísis – Divindade egípcia, uma das mais importantes divindades do panteão egípcio. Também chamada de senhora dos mil nomes.

Divindade de forte personalidade, percorre os quatro cantos do globo, por amor, atrás dos pedaços de seu marido, Osíris, assassinado pelo irmão Set. Tendo encontrado todas as partes (menos o falo que continuou desaparecido) do amado, ainda conseguiu unir-se a ele, assim concebendo o filho Hórus. Com o tempo, Ísis teve seu culto muito difundido, passando assim a absorver as qualidades de outras divindades femininas que deixavam de ser adoradas. Além de uma grande divindade do amor, tornou-se também a Deusa Mãe, já absorvendo e manifestando qualidades do Trono Feminino da Geração, conhecido como Iemanjá. Cleópatra foi uma sacerdotisa de Ísis, colaborou muito para levar seu culto aos "quatro cantos do globo", ela se autodenominava "A Nova Ísis", vestindo-se de Ísis nos rituais públicos. Tendo se envolvido com Júlio César e Marco Antônio, teve facilidade em instituir o culto de Ísis em Roma. É dito que a catedral de Notre Dame, na França, foi um dos templos de Ísis.

Bast – Divindade egípcia com cabeça de gata, divindade solar que aparece como o aspecto bom, doce e agradável do Sol, enquanto Sekmet rege os aspectos de purificação e destruição.

Bast era adorada em Bubastis, trazia alegria e prazer estando ligada à dança, à música, à saúde e à cura.

Freyja – Divindade nórdica, feminina, uma das três esposas de Odin e mãe de Balder. Divindade do amor e da beleza. De seu nome deriva o nome da sexta-feira (Freitag, em alemão; Friday, em inglês). Freyja é o aspecto sensual dessa divindade, enquanto suas qualidades de mãe ficam sob o nome de Frigga. Freyja foi amante de quase todas as divindades masculinas, aparecia em um manto de plumas, não usando mais nada além de seu colar de âmbar; todos ficavam embriagados por sua beleza e magia.

Blodeuwedd – Divindade celta, em seu aspecto de donzela, jovem, representa o amor, as flores e a primavera.

Allat – Divindade babilônica da cópula, das uniões, atua no campo do Amor, ajudando as pessoas a conceberem a vida e os projetos.

Ishkhara – Deusa babilônica do amor, sacerdotisa de Ishtar.

Kwan Yin – Divindade chinesa do amor, faz parte de um culto ancestral muito antigo, que se perde no tempo, também representa a paz, o perdão, a cura e a luz.

Chang Um – Divindade chinesa, protetora das parturientes e dos recém-nascidos, padroeira das mulheres.

Tsai Shen – Divindade japonesa da riqueza. Traz os símbolos de boa sorte como o sapo de três pernas, as moedas, a caixinha do tesouro com o espírito da fortuna, o morcego e os lingotes de ouro.

Kwannon – Divindade japonesa do amor, do perdão e da paz.

Maile – Divindade havaiana, é aquela que rege a hula (dança sagrada), a alegria e a sedução. É ainda representada com a murta, trepadeira de flores muito cheirosas.

Erzulie – Divindade haitiana do amor e da sexualidade.

Astarte – Divindade canaanita, seu nome significa "o ventre", de grande sensualidade, regia o amor, o desejo e a paixão. Usava o vermelho e o branco simbolizando o sangue menstrual e o sêmen.

Xochiquetzal – Divindade asteca, significa "flor preciosa". Ela é a deusa das flores, do amor, criadora de toda a humanidade e intermediadora dos deuses.

Foi mulher do deus Tlaloc, deus da chuva, mas acabou sendo raptada por Tezcatlipoca, que a levou aos nove céus. Vivia em Tamoanchan na "Árvore Florida", um verdadeiro paraíso. Teve vários nomes incluindo Ixquina e Tlaelquani.

Chu-Si Niu – Divindade tailandesa dos partos, recebia oferendas de flores em seus templos.

Sammuramat – Divindade assíria, senhora do amor, da fertilidade e sexualidade.

Branwen – Divindade escocesa do amor, da sexualidade, da Lua e da noite. Chamada de "Seios Brancos" ou "Vaca Prateada".

Anahita – Divindade persa do amor, considerada uma das divindades governantes do império. Considerada como o poder fertilizador da Lua e das águas. Senhora da concepção, purificava o sêmen e consagrava o ventre e seios da mulher. Aparecia como uma linda mulher vestida de dourado e ornada com peles, diademas e colares de ouro.

Erzulie Freda – Divindade haitiana do amor, cultuada e oferendada nas cachoeiras.

Partaskeva – Divindade eslava do amor e da sexualidade. Regente da água, trazia fertilidade, bênçãos para as uniões matrimoniais e saúde.

Caritas ou Graças – Divindades doadoras do carisma e da graça. Para os romanos, eram aspectos de Vênus, chamadas de Vênia ou Afrodite para os gregos. Seus nomes eram Aglaia, a brilhante, Thaleia, a que traz flores, e Euphrosyne, a alegria do coração.

Branwen – Divindade galesa do amor, conhecida como a divindade do seio branco, seu nome significa "corvo branco".

Comentários: O Trono Feminino do Amor, Oxum, torna-se um dos Tronos mais presentes nas culturas, facilmente identificado, sendo a Mãe do Amor Universal ou ainda a donzela que representa o despertar do amor e da beleza. Na Umbanda, sincretizada com Nossa Senhora da Conceição, santa virginal e imaculada que representa o amor em seu sentido mais puro.

PAI OXÓSSI

Pai Oxóssi, divindade da Umbanda, é o Trono Masculino do Conhecimento, irradia o conhecimento o tempo todo de forma passiva, não forçando ninguém a vivenciá-lo, mas sustentando todos que buscam o conhecimento. Fator expansor que ajuda a expandir em todos os sentidos. Divindade masculina vegetal, é o grande caçador, aquele que vai buscar e traz o conhecimento, o grande comunicador, a divindade da expansão.

Mais do que um ponto de força, as matas são seu lar. Muitos são seus símbolos, como o próprio vegetal e o "arco e flecha". É evocado para a utilização do elemento vegetal e para a utilização do conhecimento, bem como para a comunicação. Elemento vegetal. Cor: verde. Pedra: quartzo verde.

Oxóssi, Asclépio, Dionísio, Quíron, Fauno, Líber, Picumno, Thoth, Green Man/Cernunnos, Humbaba, Nabu, Ullr, Oghma.

Asclépio – Divindade grega do conhecimento, sabedoria e cura, filho de Apolo e pai das deusas da saúde, Iaso, Panaceia e Higia.

Dionísio – Divindade grega, o mais jovem e imortal filho de Zeus. Também conhecido como "Zagreu", o Caçador, "um jovem deus da floresta", divindade das uvas e videiras. Dionísio também é associado a Baco, divindade romana, "o Rebento", aparecendo também como divindade fálica da fertilidade. Foi como Baco que seu culto foi deturpado, surgem os "bacanais" em nome da divindade. Com o tempo foi perdendo o sentido vegetal e assumindo apenas suas qualidades fálicas, e não raramente nos aspectos negativos ligados aos prazeres mais mundanos.

Quíron – Divindade grega, centauro, metade homem e metade cavalo. Filho de Saturno, tendo tomado a forma de um cavalo, com

Fílira a oceânida, foi educado por Apolo e Artêmis. Destaca-se pela benevolência, por ser uma autoridade espiritual, excelente caçador, conhecedor das ervas, astronomia e professor dos grandes heróis gregos, entre eles Asclépio, Nestor, Anfiaráo, Peleu, Telamon, Meléagro, Teseu, Hipólito, Ulisses, Diomedes, Castor e Pólux, Jasão e Aquiles.

Fauno – Divindade romana, "aquele que favorece", sobrinho de Saturno, era visto como um profeta, pai da agricultura, precursor do culto às divindades. Está ligado às origens da civilização romana. Garantia fecundidade nos rebanhos e protegia os animais. Sua representação aproxima-se de Pã, como um homem pequeno, barbudo, usando uma coroa de folhas na cabeça.

Líber – Divindade latina da fecundação e plantação, mais tarde associado a Dionísio.

Picumno – Divindade latina da agricultura, também chamado de Sterquilinius por ter inventado a adubação da terra.

Thoth – Divindade egípcia do conhecimento, senhor da sabedoria e da palavra escrita. Patrono ainda da magia e das palavras de encantamento. Escriba divino e inventor dos hieróglifos, e muitos também lhe atribuem a invenção do Tarô. É representado como um homem com cabeça de Íbis.

Green Man/Cernunnos – Divindade celta, guardião das árvores e florestas, protetor dos animais. Um de seus símbolos é o corno que, na cultura pagã, sempre foi um símbolo de força e poder da divindade.

Humbaba – Divindade babilônica, guardião da floresta dos pinheiros, derrotado por Gilgamesh e Enkidu, ancestral das górgonas gregas. Sua voz é chamada de arma de Abubu.

Nabu – Deus babilônico da escrita, sabedoria, linguagem e eloquência, o padroeiro dos escribas (homens e mulheres). Filho de Marduk, tinha como esposa Nisaba, também deusa da escrita e dos escribas. Como mensageiro dos deuses, ele podia ser comparado ao Hermes grego. Um exemplo da adoração dos babilônios pelo deus é o nome do famoso imperador Nabucodonosor, que quer dizer literalmente "Nabu triunfa".

Ullr – Divindade nórdica do arqueirismo e da caça. Sua arma é um arco longo feito de madeira de teixo. Filho de Thor e Sif, seu nome, "glorioso", é parte de nomes de muitos lugares, e, além disso, é considerado um deus antigo que foi amplamente cultuado. Acredita-se que, em uma certa época, ele foi um dos mais altos deuses. É a única divindade cuja destreza no arco e flecha supera a de Vali, o sagrado vingador.

Oghma – Divindade celta, senhor de grande conhecimento, guerreiro e poeta. Criou um sistema de escrita mágica muito usado pelos druidas da Irlanda, o "Oghan", que constitui um alfabeto mágico de 25 caracteres também utilizado como oráculo, assim como as runas nórdicas e o Opelê Ifá ou o jogo de búzios africano.

Comentários: Trono Masculino do Conhecimento, Oxóssi mostra-se no elemento vegetal como aquele que se expande ou o caçador que vai buscar o conhecimento. São muitas as divindades masculinas ligadas aos vegetais e ao conhecimento. Alguns tornam-se muito fálicos pela questão da fertilidade do solo igualmente evocada para esses tronos, e é aí que precisamos entender onde começam aspectos de um trono e terminam o de outro. Algumas divindades como Dionísio apresentam qualidades vegetais e fálicas ao mesmo tempo, o que pode demonstrar ser ele um intermediário entre os dois tronos. Na Umbanda, é sincretizado com São Sebastião.

PAI XANGÔ

Pai Xangô, divindade de Umbanda, manifestação do Trono Masculino da Justiça, irradia Justiça o tempo todo, de forma passiva, não forçando ninguém a vivenciá-la, mas sustentando a todos que a buscam. Elemento fogo, presente nas montanhas e pedreiras. Senhor dos Trovões, Xangô é ainda simbolizado por uma balança (o equilíbrio da justiça) e o machado de dois cortes. Dentro ainda do simbolismo, podemos citar para Xangô a estrela de seis pontas, formada por dois triângulos, um que aponta para o alto e outro que aponta para baixo, simbolizando o equilíbrio do universo onde "o que está acima é como o que está abaixo", citado também por Hermes Trismegisto em sua pedra de esmeralda.

Cor: vermelho ou marrom. Pedra: jaspe vermelho ou marrom, pedra do sol, olho de tigre, ágata de fogo.

Xangô, Zeus, Hórus, Agni, Shiva, Thor, Dagda, Adad, Hadad, Guerra, Ishum, Marduk, Ellil, Betoro Bromo, Al-ait, Bil ou Vil-kan, Taranis, Pan K'oan, Topan, Iahu, Tlaloc, Pachacámac.

Zeus – Filho de Reia e Cronos, era conhecido como Júpiter entre os romanos. Deus do raio e trovão, tornou-se a principal divindade do panteão grego por ter destronado seu pai, Cronos, e o forçado a devolver seus irmãos, que haviam sido engolidos pelo mesmo. Saindo vitorioso na batalha entre os deuses e os titãs, dividiu o mundo em três partes, o mar para Poseidon, a terra para Hades e o céu para si. No topo do Monte Olimpo, ele controla tudo o que acontece na criação como Rei dos Deuses.

Hórus – Divindade egípcia, masculina, filho de Ísis e Osíris, nascido para fazer justiça à morte do pai, assassinado pelo irmão Set. Representado como um homem com cabeça de falcão.

Agni – Divindade masculina do Fogo, Agni é o próprio fogo purificador. É um dos mais antigos e venerados deuses hindus. Faz parte ainda de uma trimurti primitiva, revelando um triplo aspecto do Fogo divino em suas manifestações: no céu, como sol (Surya); na atmosfera, o ar (Vayu), como o raio; na Terra, o Fogo Sagrado. Por muitos considerada uma trimurti (trindade) primitiva, anterior à atual (Brahma, Vishnu e Shiva).

Shiva – "O auspicioso", terceira pessoa na trindade hindu (Brahma, Vishinu e Shiva), responsável pelo aspecto da destruição. Seu simbolismo não se atribui à morte e sim à purificação, à renovação ou à transformação. Existe uma forma de Shiva conhecida como "Nataraja", em que Ele aparece dançando com uma roda de fogo à sua volta. É dito que de sua dança se dá o movimento do Universo aqui simbolizado pelo círculo de fogo. Conhecido como Mahadeva (O Grande Deus). Shiva é o senhor dos yogues que alcançam a iluminação em um processo de transformação por meio das práticas do yoga. Shiva é ainda possuidor dos exércitos dos "demônios", consorte de Parvati e pai de Ganesha, "senhor dos exércitos" de Shiva, seu pai.

Thor – Divindade nórdica, masculina, do trovão e da justiça. Carrega seu martelo para fazer a justiça prevalecer sempre.

Dagda – Divindade celta, conhecido como o "Bom Deus" (dag, bom; dia, deus).

Adad – Divindade babilônica das tempestades, controlador de canais de irrigação e filho de Anu. Deus dos relâmpagos, da chuva e da fertilidade. No épico de Gilgamesh, o deus dos ventos, trovões e tempestades.

Hadad – Divindade assíria. Tiglath-Pilesar I construiu um santuário para ele e Anu na capital Ashur. Hadad é frequentemente invocado em maldições, bem como em documentos especiais e privados, como figura de proteção e advertência para todos.

Guerra – Sumério Gibil, deus do fogo, assimilado com Erra e Nergal, filho de Anu e Anunitu.

Ishum – Deus do fogo e conselheiro de Erra. Assimilado com Hendursanga. Sábio ministro de Marduk no épico de Erra.

Marduk – Divindade babilônica, consorte de Zarpanitum. Protetor da agricultura, da justiça e do direito. Filho de Enki/Ea, pai de Nabu, criou ventos e tempestades como Zeus. Também lutou e venceu Tiamat para criar a ordem e o Universo. Personagem principal do mito da criação babilônica.

Ellil – Divindade sumeriana, o mais importante da geração mais nova dos deuses sumérios e acádios. Cultuado no apogeu da civilização sumeriana (3500 a 2050 a.C.), foi como Zeus.

Seu templo se chamava "Morada da Montanha".

Betoro Bromo – Divindade indonésia do fogo, cultuado na cratera do Monte Bromo, vulcão onde mora o deus.

Al-ait – Divindade fenícia do fogo, nome considerado muito antigo e místico.

Bil ou Vil-kan – Caldeu, deus do fogo e de vários metais e armas, um dos filhos de Anu.

Taranis – Divindade celta do trovão, da raiz céltica taran, "trovejar".

Pan K'oan – Divindade chinesa que recebe as almas onde suas ações são investigadas e Pan k'oan julga como as almas devem ser punidas.

Topan – Divindade japonesa que personifica a tempestade e o trovão.

Iahu – Divindade dos madianitas e quenitas, conhecido também pelos arameus do norte da Síria como a divindade das terríveis tempestades de deserto.

Tlaloc – Divindade asteca, Senhor do Raio, do trovão, da chuva e do relâmpago.

Pachacámac – Divindade inca do fogo e filho do Deus Sol.

Comentários: Trono Masculino da Justiça, Xangô sempre se mostra acima das divindades locais, pois só assim mantém a imparcialidade, muitas vezes aparecendo como rei entre os deuses. O raio e o trovão comumente aparecem como instrumento dessa divindade, já que impõem o respeito que é merecido à justiça divina. Na Umbanda, é sincretizado com São Jerônimo e Moisés, chegando a apresentar imagens que mostram São Jerônimo com as Tábuas da Lei de Moisés na mão.

PAI OGUM

Pai Ogum, divindade de Umbanda, é o Trono Masculino da Lei, irradia a Lei o tempo todo de forma passiva não forçando ninguém a vivenciá-la, mas sustentando a todos que buscam a Lei. Fator ordenador, Ogum é a Lei de Deus em ação, na vida das pessoas, aquele que absorve a força de Ogum consegue enxergar tudo de um ponto de vista ordenador, assim é que os caminhos se abrem, pois o sujeito passa a enxergar seus pontos falhos e essa postura transmite confiança ao próximo.

Elemento ar (que controla o fogo), presente nos caminhos. Sua cor é o azul-escuro ou vermelho. Ogum é quem abre os caminhos e vence as demandas. Vemos em seu simbolismo a espada e o elemento ferro. Ogum mexe muito com o emocional, é uma natureza impulsiva. Pedra: quartzo azul, sodalita e hematita.

Ogum, Ares, Indra, Vayu, Vishnu, Ganesha ou Ganapati, Kalki, Kartikeya ou Skanda, Twachtri, Odim, Lugh, Gushkin-bea, Panigara, Resheph, Zababa, Ninrud, Liu Pei, Kwan Kun, Maristin, Huitzilopochtli.

Ares – Divindade grega, Marte romano, filho de Zeus e de Hera, era a personificação do deus da guerra, considerado o pai de diversos heróis; amante de Afrodite, com a qual teve o filho Eros. Hefaístos, marido de Afrodite, apanhou os amantes na cama com uma rede tão forte, que nem mesmo Ares pôde romper. O temperamento de Ares chegava até a incomodar Zeus, por dedicar tanto de seu tempo à guerra.

Indra – Divindade hindu da guerra, "chefe" ou "senhor", rei dos deuses, senhor dos céus, controlador do relâmpago, sua arma é o raio empunhado com a mão direita; governa o tempo e manda a chuva. É o patrono dos nobres militares.

Vayu – Divindade hindu do vento, do ar e do prana. Divide seu poder com Indra, "o senhor do céu" e "rei dos deuses".

Vishnu – É a segunda pessoa da trindade hindu, responsável pela proteção, manutenção e preservação da criação. Da raiz "vis'" ("estar ativo"), a palavra Vishnu significa "aquele que tudo penetra" ou "aquele que tudo impregna".

Sua consorte é a divindade Lakshmi, senhora da beleza, do amor e da prosperidade.

A partir de Vishnu surgem os avatares, encarnações divinas, com a missão de restabelecer a ordem divina para a humanidade. É o grande mantenedor da ordem no Universo.

Ganesha ou Ganapati – Divindade hindu, senhor ("isa") das hostes ("gana") de seu pai Shiva ou "senhor das multidões de divindades inferiores a serviço de Shiva". É o "Senhor dos Exércitos". Ganesha é uma das divindades mais populares na Índia. É o filho de Shiva e Parvati. Costuma aparecer na entrada de templos e casas, sendo reverenciado antes das cerimônias. Deus da Sabedoria e eliminador de obstáculos. Tem um dente quebrado, pois ele mesmo o quebrou para escrever os vedas ("conhecimento", escrituras sagradas hindus). Aparece sempre ao seu lado um rato, como o desejo mantido sob controle. Seu auxílio é evocado ao começar novas empreitadas e no início dos livros.

Kalki – Divindade hindu, futura encarnação de Vishnu, guerreiro, vem montado em um cavalo branco e empunhando sua espada de fogo.

Kartikeya ou Skanda – Divindade hindu da guerra, filho de Shiva e irmão de Ganesha. Persegue os demônios em defesa do homem. Cavalga em um pavão, tem seis cabeças e 12 braços. Carrega uma flecha, um raio e uma maçã.

Twachtri – Divindade hindu com qualidades de ferreiro, fabrica o raio e as armas de Indra.

Odim – Divindade nórdica, é o senhor do panteão e pai de Thor. Aparece como o maior de todos os guerreiros. Muito parecido com o Zeus grego, embora sejam Tronos de qualidades diferentes, pois um é Justiça e o outro, a Lei. Recebia no Valhalla, com banquetes, todos os grandes guerreiros.

Lugh – Divindade celta, guerreiro que mais habilidades possuía. Sempre montado em seu cavalo com sua lança mágica à mão.

Gushkin-bea – Deus patrono da metalurgia.

Panigara (Pap-nigin-gara) – Deus guerreiro, assimilado por Ninurta.

Resheph – Deus sírio da guerra, com cabeça de gazela.

Zababa – Divindade sumeriana, guerreiro. Aparece no Período Sumério Antigo e seu nome consta dos tempos pré-sargônidos. Foi um deus da cidade de Kish, um guerreiro posteriormente identificado com Ningirsu e Ninurta.

Ninrud – Deus guerreiro sumério, vencedor heroico de muitas vitórias, deus da agricultura e da fertilidade. Filho de Ellil. Assimilado com Ningirsu.

Liu Pei – Divindade chinesa que liderou um exército de voluntários para abafar uma rebelião e restaurar o império. Junto com Kuan Kung e Chang Fei, era adorado como divindade da honra e do dever, os três são companheiros e guerreiros.

Kwan Kun – Divindade chinesa, é o guardião e protetor da divindade Kwan Yin, senhor das artes marciais, aparece com muitos atributos sempre muito bem armado.

Maristin – Divindade japonesa da guerra, em sua honra realiza-se anualmente um simulacro de combate.

Huitzilopochtli – Divindade asteca do Sol e da Guerra, era uma das divindades favoritas.

Comentários: Trono Masculino da Lei, Ogum apresenta-se como o senhor da guerra ancestralmente. São muitas as divindades pagãs relacionadas ao fio da espada e à Lei Maior, o que nos fornece farto material para estudar essa natureza divina tão mal humanizada por nós. Na Umbanda, Ogum sincretiza com São Jorge Guerreiro.

PAI OBALUAIÊ

Pai Obaluaiê, divindade de Umbanda, é o Trono Masculino da Evolução, irradia Evolução o tempo todo de forma passiva, não forçando ninguém a vivenciá-la, mas sustentando a todos que buscam evoluir. Fator transmutador. Orixá masculino que, junto a Omolu, reina no cemitério, por ser o Senhor das Almas. Também muito evocado como Orixá da cura, já que é senhor das transformações e das passagens, tem facilidade de levar do estado doentio ao estado saudável. Elemento terra, presente no mar e cemitério. Sua cor é o violeta ou branco e preto.
Obaluaiê: "Rei das almas do Ayê", "Senhor das almas". É considerado um Orixá velho, ancião, coberto de palha da costa.

Obaluaiê, Caronte, Osíris, Taliesin, Enki, Dumuzzi, Ninazu, Mimir, Shou Lao, Gtsitemo.

Caronte – Divindade grega, era o barqueiro velho e mal-humorado que atravessava o Rio Aqueronte, pelo qual todos os mortos tinham de passar para chegar ao mundo subterrâneo. Todos tinham de lhe pagar a viagem e, por isso, os gregos punham uma moeda na boca de seus mortos.
Osíris – Divindade egípcia, masculina, das mais cultuadas, tendo vencido a morte e se tornado rei no mundo dos mortos, é sempre evocado na passagem desse mundo para aquele. Os faraós, quando mumificados, eram vestidos de Osíris para contar com sua proteção.
Taliesin – Divindade celta, o ancião senhor da sabedoria, da transmutação, da evolução e da magia.
Enki – Divindade sumeriana, "o senhor (En) da deusa terra" ou ainda "o senhor da terra", é filho da "velha mãe água" Namur. O deus mais antigo de origem suméria aparece também como assírio-babilônico,

como o deus da superfície terrestre. Deus da sabedoria e do renascer (purificação) pelas águas, o que acontecia nos rituais da "casa de batismo" ou de "lavagem".

Ele podia trazer os mortos à vida, pois dele era toda a fonte do conhecimento mágico da vida e da imortalidade. Foi chamado de Ea na Babilônia. Berossos, sacerdote babilônico tardio, 280 a.C., atribuía a Enki o nome de Oannes, que pode ser comparado com o grego Iõanes, o latino Johannes, o hebraico Yohanan, João, daí chegamos a João Batista e à ideia do renascimento pela água.

Dumuzzi – "Filho fiel", deus sumério, consorte de Inanna, irmão de Geshtin-anna, rei-pastor de Uruk, guardião do portal dos céus de Anu, junto com Gishzida, e pescador de Ku'ara. Passa metade do ano no mundo subterrâneo, depois da descida de Inanna e do acordo que fez com Ereshkigal. Nome pronunciado Du'uzi na Assíria; chamado Tammuzi, na Babilônia, e Adônis, na Grécia.

Ninazu – Divindade babilônica, deus de Eshnunna. Templo chamado E-sikil e E-kurmah. Filho de Enlil e Ninlil, concebido durante a descida de Enlil e Ninlil ao mundo subterrâneo, pai de Ningishzida. Substituído por Tishpak como patrono de Eshnunna. Deus babilônico da cura, da mágica e dos encantamentos.

Mimir – Divindade nórdica, sábio enviado pelos Aesir aos Vanir para estabelecer uma trégua entre eles e que é morto pelos Vanir. Odin preserva sua cabeça e coloca-a junto à fonte na base da raiz de Yggdrasill, que mergulha em Jotunheim. A fonte fica conhecida como Fonte de Mimir, de cujas águas Odin bebe para adquirir sabedoria. Como pagamento, ele dá um dos seus próprios olhos.

Shou Lao – Divindade chinesa, seu nome significa "estrela da vida longa". Aparece como um velho calvo e sorridente, traz a longevidade, carregando um pêssego, símbolo da imortalidade e, às vezes, traz também uma cabaça, símbolo de prosperidade.

Gotsitemo – Divindade japonesa chamada para curar as moléstias.

Comentários: Trono Masculino da Evolução, Obaluaiê aparece sempre como o detentor da sabedoria, facilmente encontrada nos mais velhos que já passaram pelas experiências da vida. Sempre nos auxilia a fazer as passagens entre realidades durante nossa evolução. Na Umbanda, é sincretizado com São Lázaro.

MÃE IEMANJÁ

Mãe Iemanjá, divindade de Umbanda, é o Trono Feminino da Geração, irradia geração o tempo todo de forma passiva, não forçando ninguém a gerar ou criar, mas sustentando a todos que buscam "dar vida" e criar. Fator gerador ou "criacionista". Elemento água, presente no mar. Sua cor é o azul-claro. É a senhora da geração da criatividade. Podemos dizer que uma de suas qualidades mais marcantes é a de mãe.

Iemanjá, Tétis, Hera, Nereidas, Sereias Gregas, Parvati, Aditi, Danu, Moruadh, Mut, Aruru, Namur, Belet Ili, Nanshe, Frigga, Belat, Coatlicue, Yngona, Mama Cocha, Mariamma, Marah, Derketo, Mari Ama, Ilmatar, Annawan, Bachue.

Tétis – Divindade grega, forma com Oceano um casal de Titãs, filhos de Urano e Geia, são as primeiras Divindades Marinhas, sendo a maioria dos outros "deuses" e "deusas" do mar seus descendentes. Logo Tétis, a titãneida, é a primeira das Mães do Mar, das águas primordiais.

Hera – Divindade grega, Juno romana, esposa mais ciumenta de Zeus, cujo casamento era o mais sagrado, que mostrava a importância da união. Deusa do casamento e do parto.

Nereidas – Divindades gregas, as nereidas são as filhas de Nereu com Dóris, a Oceânida. São 50 nereidas, todas divindades marinhas. Frequentemente aparecem cavalgando no dorso de monstros marinhos. Seus nomes são: Ploto, "a nadadora"; Eucrante, "a que traz a realização"; São, "a salvadora"; Anfitrine, esposa de Poseidon e uma das divindades marinhas mais cultuadas; Eudora, "a dos bons presentes"; Tétis, traz qualidades muito parecidas com as de sua Avó, esposa de Oceano também chamada Tétis; Galena, "tempo calmo"; Glauce, "verde-mar"; Cimótoe, "ligeira como a onda"; Espeio, "a que mora em cavernas"; Toe, "a que se move depressa"; Halia, "a que mora no mar"; Passítea; Erato, "a que desperta o desejo" (nome também de uma das musas); Eunice, "a da vitória feliz"; Mélita; Eulimene, "a do bom porto"; Agave, "a nobre"; Doto, "a doadora"; Proto, "a primeira"; Ferusa, "a que traz"; Dinamene; Neseia, "a que mora nas ilhas"; Acteia, "a que mora nas costas"; Protomedeia, "a primeira soberana"; Dóris; Panopeia; Galateia; Hipótoe, "ligeira como uma égua"; Hipônoe, "selvagem como uma égua"; Cimódoce, "a que recolhe as ondas"; Cimatóloge, "a que apazigua as ondas"; Cimo, "a deusa da onda"; Ione, "a deusa da praia"; Halimede, "a deusa marinha do bom conselho"; Glaucônoma, "a que mora no mar verde"; Pontopereia, "a que viaja por mar"; Liágora; Evágora, "a eloquente"; Laomedeia, "soberana do povo"; Polínoe, "a que dá razão"; Autônoe, "a que dá inspiração"; Lisianassa, "a senhora redentora"; Evarne; Psâmate, "a deusa da areia"; Menipe, "a égua corajosa"; Neso, "a deusa da ilha"; Eupompe, "a da boa escolta"; Temisto, parecida com a grande Têmis; Prônoe, "a provida"; e Nemertes, "a veraz".

Sereias Gregas – Divindades gregas, aparecem frequentemente como filhas de Aquelóo, "deus-rio", filho de Oceano e Tétis. As sereias gregas trazem o dom para a música, no canto e também no manejo da lira e da flauta, o que traz semelhança com as musas gregas. Entre as sereias gregas estão Himeropa, "aquela cuja voz desperta o desejo"; Telxiepeia, "a encantadora"; Agláope, "a da voz gloriosa"; Pisínoe, "a sedutora"; Partênope, "a virginal"; Leucósia, "a deusa branca"; e Ligeia, "a da voz brilhante".

Parvati – Divindade hindu, é a mãe divina em todos os aspectos, consorte de Shiva e mãe de Ganesha.

Aditi – Divindade hindu, mãe dos deuses no Rig-Veda (1500-1000 a.C.), "sustentáculo das criaturas", "amplamente expandida". Mãe do deus sol Mitra e do deus da verdade e ordem universal, Varuna; mãe também de Indra, o rei dos deuses.

Danu – Divindade celta "Água do Céu", a grande mãe, os descendentes de Dana e seu consorte Bile (ou Beli) eram chamados de "Tuatha Dé Dannan" (os filhos da deusa Dana). Do seu nome vem a origem do Rio Danúbio, onde primeiro surgiram as raízes da cultura celta.

Mut – Divindade egípcia, "a mãe" em Karnak.

Aruru – Divindade babilônica, um dos nomes da Grande Deusa Mãe na mitologia babilônica.

Namur – Divindade mãe sumeriana, mãe de Enki e Ereshkigal. Deusa dos mares, que criou o céu e a terra, e gerou várias divindades quando a terra foi arrebatada ao céu.

Belet Ili – Divindade sumeriana, "Senhora de todos os deuses", Grande Deusa Mãe. Consorte de Enki. Divindade do útero e das formas. Ela criou inicialmente sete homens e sete mulheres, que com o tempo se tornaram a civilização conhecida.

Nanshe – Divindade Mãe sumeriana festejada com procissões de barcos nas quais eram depositadas suas oferendas a serem entregues ao Mar.

Frigga – Divindade nórdica, Grande Mãe da maioria dos deuses, uma das três esposas de Odin, Frigga é o aspecto mãe, enquanto Freyja é o aspecto sensual, donzela.

Belat – Divindade caldeia, nome da esposa de Bel, é a "Mãe dos Grandes Deuses" e "senhora da cidade de Nipur".

Coatlicue – Divindade asteca, mãe de todas as outras divindades. Usa uma saia de serpentes e é também senhora da vida e da morte. Também adorada como Mãe da Terra.

Yngona – Divindade dinamarquesa, é a Grande Mãe.

Mama Cocha – Divindade inca que teve seu culto largamente difundido, sendo cultuada não apenas pelos incas, mas também por muitas outras tribos e culturas. É a Mãe do Mar e senhora dos peixes.

Moruadh – Divindade celta, sereia evocada pelos pescadores que lhe pediam para não rasgar suas redes e não afundar seus barcos. Tinha corpo de mulher, rabo de peixe, cabelos verdes, nariz vermelho e olhos de porca.

Mariamma – Divindade hindiana, senhora do mar e de tudo o mais que ele representa e traz de benefícios a nós.

Marah – Divindade caldeia, senhora das águas salgadas, mãe que vem do mar.

Derketo – Divindade assíria, aparece como sereia, senhora da Lua e da noite, protetora dos animais que habitam o mar.

Mari Ama – Divindade do mar escandinava.

Ilmatar – Divindade finlandesa da água, grande mãe criadora que está na origem de tudo.

Annawan – Divindade indonésia do mar.

Bachue – Divindade colombiana dos índios chibchas, seu nome quer dizer "grandes seios", junto com seu filho criou a humanidade.

Comentários: Trono Feminino da Geração, Iemanjá é uma divindade muito adorada e de fácil localização, pois se não aparece relacionada ao mar aparece como a Grande Mãe. Na Umbanda, quase não há sincretismo de Iemanjá, sendo sua imagem como Orixá de Umbanda muito conhecida. Pode ser sincretizada com Nossa Senhora dos Navegantes, aquela que protege os que vão ao mar.

ORIXÁS CÓSMICOS

MÃE LOGUNAN

Mãe Logunan, divindade de Umbanda, é o Trono Feminino da Fé, absorve a fé em desequilíbrio, de forma ativa, reconduzindo o ser a caminho de seu equilíbrio. Cósmica, pune quem dá mau uso ou se aproveita dessa qualidade divina com más intenções.

Fator cristalizador e temporal, é o próprio espaço-tempo onde tudo se manifesta. Lembrando que nossa relação de espaço-tempo depende totalmente da movimentação dos astros no espaço, de onde vêm conceitos como dia e noite juntamente com nosso senso cronológico. Dizemos que é uma divindade atemporal, pois é em si o próprio tempo não estando sujeita a ele, mas regendo seu sincronismo.

Elemento cristalino. Religiosamente goza de posição de destaque, pois rege a própria religiosidade no ser.

Sua cor é o branco e o preto, que é a presença de todas as cores ou a ausência de todas (em seu aspecto de absorção e esgotamento da religiosidade desvirtuada e dos excessos cometidos em nome da fé). Simbolizada pela espiral do tempo, manifesta-se em todos os locais, assim como Oxalá, com o qual faz um par nessa linha da fé. Cor: branco e preto ou fumê. Pedra: quartzo fumê rutilado.

Logunan, Éos, Moiras, Andrômeda, Horas, Nornes, Rodjenice, Tara, Nut, Shait, Arianrhod, Aya, Tamar, Mora, Menat, Tanith, Nicnevin.

Éos – Divindade grega, conhecida entre os romanos como Aurora, filha de Hipérion com Teia. Irmã de Hélio (o Sol) e Selene (a Lua). Era sua tarefa abrir todas as manhãs os portões do céu para deixar sair a carruagem do Sol. Teve muitas uniões e muitos filhos, entre os quais podemos citar os Ventos e os Astros.

Moiras – Divindades gregas, conhecidas como Parcas entre os romanos. São três irmãs, responsáveis pelo tempo e por tecer os fios de nosso destino. Aparecem humanizadas como anciãs encantadas. Seus nomes são Lachesis, Cloto e Átropos. Filhas de Nyx, a Noite, são elas que tecem os fios de nossa vida e destino. Cloto, "a tecelã", tecia o fio da vida; Lachesis, "a medidora", media o comprimento certo de cada fio; e Átropos, "a inevitável", o cortava com sua tesoura.

Andrômeda – Divindade grega das estrelas e planetas, vista como sendo a própria constelação que leva seu nome.

Horas – Divindades gregas, originariamente a palavra Hora era utilizada para determinar as estações do ano que se dividiam apenas em três, primavera, verão e inverno. São filhas de Zeus e Têmis, Eunomia (a Boa Ordem), Dicéa (a Justiça) e Irene (a Paz). Quando surge o conceito de outono e solstício de inverno, duas novas horas aparecem na mitologia, Carpo e Talate, guardiãs dos frutos e flores. Quando os gregos dividiram os dias em 12 partes iguais, os poetas identificaram 12 horas, chamadas "as 12 irmãs". Contando-se primavera, verão, outono e inverno, as horas aparecem com idades diferentes, nessa ordem, desde a jovem e ingênua adolescente até a madura e sábia anciã.

Nornes – Divindades nórdicas do tempo e do destino dividem-se em Urdhr, a avó anciã (passado), Verdanti, a mãe matrona (presente) e Skuld, a jovem (futuro).

Rodjenice – Divindades eslavas do destino, eram três mulheres que teciam os fios da vida, assim como as parcas gregas e nornes nórdicas, eram oferecidas a elas as primeiras porções de comida das comemorações batismais, assim como a placenta do bebê, enterrada ao lado de uma árvore. Eram conhecidas por Rodjenice, Sudnice e Sudjenice ou Fatit, Ore e Urme.

Tara – Divindade hindu, regente do céu e das estrelas, senhora do tempo.

Nut – Divindade egípcia, divindade do céu, seu corpo forma a abóboda celeste, aparece curvada como um arco sobre a Terra. Nut é o próprio céu, o espaço onde tudo acontece. Representada por uma vaca, também tem a função de recolher os mortos em seu império.

Shait – Divindade egípcia do destino, acompanhava toda a encarnação de cada um anotando seus vícios e virtudes. Ela é quem dava a sentença final após a alma passar pela balança de Maat.

Arianrhod – Divindade celta, guardiã da "roda de prata" que circunda as estrelas, símbolo do tempo e do carma. Deusa da reencarnação, tem como símbolo a própria espiral do tempo.

Divindade dos ancestrais celtas, vive em sua própria dimensão com suas sacerdotisas. Decide o destino dos mortos levando-os para sua morada ou para a Lua. Aparece no Mabinogion, uma coleção de relatos escritos entre o século XI e XIII, como filha de Don e mãe dos gêmeos Lleu Llow Gyffes e Dylan.

Aya – Divindade babilônica, "Aurora", esposa do deus-sol babilônico Shamash.

Tamar – Antiga divindade russa, do tempo, que habitava no céu, de onde regia as estações do ano. Aparece como a virgem que viaja pelo céu montada em uma serpente dourada. Tamar é quem aprisionava o Senhor dos ventos no verão para soltar no inverno, para que trouxesse a neve.

Mora – Divindade eslava do tempo e do destino. Aparece como divindade branca e alta para dar a vida, e como negra, olhos de serpente e patas de cavalo para ceifar a vida.

Menat – Antiga divindade árabe que teve seu culto abolido por Maomé e o Islã. Essa divindade representa a força do destino, senhora do tempo e da morte, aparece sob a forma de anciã.

Tanith – Divindade cartaginense, regente do céu. Aparece com asas, tendo o zodíaco a lhe envolver a cabeça. Usa um vestido repleto de estrelas, trazendo em suas mãos o Sol e a Lua.

Nicnevin – Divindade escocesa que rodopia o céu durante a noite para conduzir as almas em sua passagem.

Comentários: O Trono Feminino da Fé, Oiá-Tempo, encontrado em várias culturas, nos mostra uma divindade que, não estando sujeita ao tempo, torna-se atemporal. Passa a regular tudo o que se refere a estações do ano e clima, também se mostrando presente como o espaço onde tudo acontece, a abóbada celeste, pois a relação espaço-tempo também depende dela. Na Umbanda, pode ser sincretizada com Santa Clara, sempre evocada para resolver as questões relacionadas ao clima e ao tempo, pela maioria das pessoas.

PAI OXUMARÉ

Pai Oxumaré, divindade da Umbanda, é o Trono Masculino do Amor, absorve o amor em desequilíbrio de forma ativa, reconduzindo o ser ao caminho do equilíbrio. Cósmico, pune quem dá mau uso ou se aproveita dessa qualidade divina com más intenções.

Fator renovador, atua "reciclando", renovando, a vida do ser. Divindade da alegria, nos ajuda também a sermos mais crianças, puros. Elemento cristalino-mineral muito presente nas cachoeiras. Sua cor é o colorido do arco-íris.

Faz par com Oxum, nessa linha do amor, onde, em uma cachoeira quando vemos suas águas caírem em queda, na luz do Sol, Oxumaré se faz presente no arco-íris que se forma do vapor-d'água, subindo até a cabeceira da cachoeira.

Ponto de força na cachoeira. Cor: todas as cores do arco-íris. Pedra: fluorita.

Oxumaré, Eros, Kâma, Heindal, Angus Óg, Tamuz.

Eros – Divindade grega, Cupido entre os romanos, filho de Afrodite e Ares, disparava flechas de amor, menino alado, uma corporificação do amor. Atormentava deuses e humanos com uma tocha que inflamava os desejos ou as flechas que insuflavam o amor.

Kâma – Divindade hindu, senhor do amor e do desejo, esposo de Rati (divindade da volúpia). Representado sob a figura de um adolescente, armado de arco e flechas. Considerado uma divindade muito antiga e que alguns mais tarde lhe deram características negativas.

Heindal – Divindade nórdica da luz, chamado de "deus reluzente de dentes de ouro", ele é o guardião da ponte do arco-íris.

Angus Óg – Divindade celta, filho de Boann com Dagda, adotado por Midir. Seu nome quer dizer "deus jovem". É a divindade do amor e da juventude. Como um cupido, lançava beijos pelo ar que, após atingir seu objetivo, se transformavam em aves delicadas para alegrar a vida dos apaixonados.

Tamuz – Divindade babilônica da primavera, das flores, das plantas verdes e filhotes dos rebanhos.

Comentários: Trono Masculino do Amor, Oxumaré não é tão comum nas mitologias, parece-nos mais fácil relacionar a figura feminina com o sentido do amor. Geralmente as divindades masculinas se voltam mais para os outros sentidos da vida, sendo a natureza masculina mais racional. Há ainda muito campo para o estudo e muitas divindades a serem descritas como Trono Masculino do Amor. Na Umbanda, é sincretizado com São Bartolomeu, que aparece enrolado em uma cobra até a cintura, um dos símbolos de Oxumaré.

MÃE OBÁ

Mãe Obá, divindade de Umbanda, é o Trono Feminino do Conhecimento, absorve o conhecimento em desequilíbrio de forma ativa, reconduzindo o ser ao equilíbrio. Cósmica, pune quem dá mau uso ou se aproveita dessa qualidade divina com más intenções. Fator concentrador, ajuda aqueles que não têm um foco na vida tirando a dispersão ou a confusão mental.

Tem como elemento a terra úmida e fértil que dá sustentação ao vegetal, chegando a formar um par terra-vegetal com Oxóssi: enquanto ele é a expansão do conhecimento, ela é o que dá a concentração e a base. Ajuda a manter firmes os objetivos, o raciocínio e a determinação. Sua cor é o magenta terroso ou a combinação do verde com o marrom. Pedra: madeira fossilizada.

Obá, Deméter, Artêmis, Chloris, Bona Dea, Fauna, Ops, Cibele, Minerva, Tari Pennu, Ki, Nisaba, Uttu, Zamiaz, Armait, Nummu, Erce, Zamyaz, Mati Syra Zemlja, Kait, Ma Emma, Zeme, Xcanil, Shekinah, Zaramama, Selu, Akwin, Uke-Mochi-no-Kami, Pachamama.

Deméter – Divindade grega, conhecida como Ceres entre os romanos, filha de Cronos e Reia, mãe de Perséfone, com seu irmão Zeus. Acredita-se que já era adorada como divindade principal em civilizações anteriores. Deusa das colheitas, lavoura e fertilidade do solo, ensinava a arar a terra e semear o trigo; criou a agricultura. É senhora dos ritos de mistérios em Elêusis.

Artêmis – Divindade grega, conhecida como Diana entre os romanos. Filha de Zeus e Leto, irmã de Apolo. Divindade caçadora que com suas flechas prateadas evoca a natureza selvagem, vive na floresta e protege os animais.

Chloris – Divindade grega dos brotos e sementes, namorada de Zéfiro, divindade do vento oeste.

Bona Dea – Divindade romana da terra e fertilidade. É a "Boa Deusa" que traz abundância em alimentos.

Fauna – Divindade romana dos bosques e campos, irmã de Fauno.

Ops – Divindade romana dos grãos, semeadura, plantios e colheitas.

Cibele – Divindade romana da terra, "Magna Mater", "A Grande Mãe Terra", senhora da vegetação e fertilidade. Aparece como uma mulher madura, seios fartos, coroada de flores e espigas de milho, vestida em uma túnica multicolorida. O templo de Cibele, em Roma, existia onde atualmente se localiza a Basílica de São Pedro.

Minerva – Divindade romana e etrusca, seu nome deriva de "mente". Regia a inteligência, criatividade, sabedoria e as habilidades domésticas. Protegia todos os que trabalhavam com atividades manuais e guiados pela "mente".

Tari Pennu – Divindade hindu da terra, trazia fertilidade e fartura nas colheitas.

Ki – Deusa suméria da terra, mãe de Enlil, o deus dos ventos e do ar.

Nisaba – Divindade sumeriana das artes do escriba, consorte de Nabo; protetora das escolas, professores e estudantes. Seu símbolo é o cálamo, um tipo de junco duro, usado para escrever, colocado sobre o símbolo de altar. Ela também era considerada a deusa protetora da agricultura, da vegetação ordenada e da mágica.

Uttu – Divindade sumeriana da terra e das plantas, filha de Enki e Ninkurra.

Zamiaz – Divindade persa da terra, "o gênio da terra", dos grãos e da fertilidade.

Armait – Divindade persa no panteão do Zoroastrismo, deusa da sabedoria e Senhora da Terra ou Deusa da Terra.

Nummu – Divindade sumeriana das plantas, filha de Enki.

Erce – Divindade eslava da terra, padroeira dos campos e plantações. Era oferendada despejando-se leite, mel, vinho e fubá nos campos e nos cantos da propriedade.

Zamyaz – Divindade persa da terra, chamada de "O Gênio da Terra". Evocada para dar fertilidade e prosperidade.

Mati Syra Zemlja – Divindade "Mãe Terra" nos países eslavos. Dela provinha tudo que chegava pela terra, seu próprio ventre. Em nome dela eram feitos juramentos e promessas, pois a terra é a grande mãe de vida, força e poder.

Kait – Divindade hitita, guardiã das colheitas e padroeira da agricultura.

Ma Emma – Divindade estoniana, "Mãe Terra", era oferendada com leite, manteiga e lã ao pé de árvores velhas ou sobre lajes.

Zeme – Divindade lituana, "Mãe Terra", Mãe de Meza Mate, Mãe da Floresta e Veja Mate, Mãe do Vento.

Xcanil – Divindade da terra na Guatemala.

Shekinah – Divindade hebraica dos grãos e da colheita, que traz a fertilidade na terra.

Zaramama – Divindade peruana dos grãos, era oferendada e representada por meio das espigas de milho.

Selu – Divindade dos índios seminole, na Flórida, senhora da agricultura. Ensinou seus filhos a fertilizarem a terra para que o milho pudesse crescer.

Akwin – Divindade da terra para os índios mescalero apache.

Uke-Mochi-no-Kami – Divindade japonesa da agricultura e alimentos. Mãe de Waka-Saname-no-Kame, divindade dos brotos de arroz. Juntas são as responsáveis pela fertilidade da terra e eram oferendadas com arroz e brotos.

Pachamama – Divindade inca da terra, "A Mãe Terra", Senhora das montanhas, rochas e planícies. Era a encarregada de propiciar a fertilidade nos campos.

Comentários: Trono Feminino do Conhecimento, Obá, Divindade da terra que dá sustentação ao vegetal, uma Mãe da Terra. São muitas as divindades femininas da Terra, evitei classificar aqui a Mãe Geia e Reia, divindades gregas, entendendo que mitologicamente se mostram mais velhas que Obá, talvez mais próximas a Nanã Buroquê e, no caso de Geia, o próprio princípio feminino do Universo. Geia e Urano são praticamente uma versão ocidental do Yin e Yang, princípios feminino e masculino da criação representados no Tao chinês.

Na Umbanda, Obá tem sido vista como Santa Joana D'Arc, embora pela história da santa possamos facilmente relacioná-la com Iansã, e Oiá-Tempo nos faz lembrar que Obá também é uma Divindade guerreira.

MÃE OROINÁ
(MÃE EGUNITÁ)

Mãe Oroiná – Egunitá, divindade de Umbanda, é o Trono Feminino da Justiça, absorve o desequilíbrio na Lei de forma ativa, reconduzindo o ser ao equilíbrio; cósmica, pune quem dá mau uso ou se aproveita dessa qualidade divina com más intenções. Fator purificador e energizador, divindade da purificação por meio do fogo. Também portadora de grande energia, transmite-a quem dela precise.

Elemento fogo que absorve o ar. Assim como Iansã, ora faz par com Ogum (Lei), ora faz par com Xangô (Justiça). Também inflexível e implacável contra as injustiças e negativismos humanos, mostrando-se assim grande protetora daqueles que a merecem. É Senhora da espada flamejante e tão racional quanto Xangô. Ponto de força, caminhos e pedreiras. Sua cor é o laranja. Pedra: ágata de fogo.

Oroiná – Egunitá, Héstia, Kali, Enyo, Sekmet, Brighid, Shapash, Lamashtu, Ponike, Pele, Si, Fuji, Sundy Mumy, Oynyena Maria, Ananta.

Héstia – Divindade grega. Vesta romana, muito antiga e adorada como deusa do lar. Está presente no fogo da lareira, que é o centro do lar, sem ela não haveria nem a comida nem o calor que nos aquece no frio, ela é o próprio fogo. Protegia a família e a ordem social, também evocada para dar os nomes às crianças.

Kali – Divindade hindu "negra" da destruição e purificação. Representa o elemento fogo, com sua língua roxa.

Não usa roupa e seu corpo é coberto pelos longos cabelos negros. Usa um colar de caveiras, tem quatro braços e leva em cada mão armas de destruição e uma cabeça sangrando. É a devoradora do tempo.

Enyo – Divindade da guerra em seu aspecto de "destruidora", o que a remete a uma condição de divindade da purificação.

Sekmet – Divindade egípcia ("a poderosa"), traz em si as qualidades de purificadora dos vícios e esgotadora daqueles caídos no mal. Representada por uma mulher com cabeça de leoa encimada pelo disco solar, representando o poder destruidor do Sol, é aquela que usa o coração com justiça e vence os inimigos.

Brighid – Divindade celta do fogo, seu nome significa "luminosa". Filha de Dagda (o bom deus), tinha aspectos tríplices. Deusa da inspiração e poesia para os sacerdotes, protetora para os reis e guerreiros, senhora das técnicas para artesãos, pastores e agricultores. É também aquela que traz a energia, motivação e potência. Uma vida sem o calor de sua chama perde o sentido e torna-se insípida.

Shapash – Divindade babilônica, deusa do Sol, a forma feminina de Shamash, muitas vezes chamada de "a tocha dos deuses".

Lamashtu – Divindade sumeriana, "A filha do céu", deusa com cabeça de leão (assim como Sekmet) que possuía imenso poder destruidor e purificador.

Ponike – Divindade húngara do fogo.

Pele – Divindade havaiana guardiã do fogo, é padroeira do Havaí. É ainda a senhora das manifestações vulcânicas. Tem como morada o vulcão Kilauea.

Si – Divindade russa, solar, evocada para punir quem quebrava juramentos.

Fuji – Divindade japonesa do fogo vulcânico, padroeira do Japão. Habita no Monte Fujiyama, o mais alto do Japão, ponto de contato entre o céu e a terra.

Sundy Mumy – Divindade eslava, "Mãe do Sol", ela é quem aquecia o tempo e dava força a seu filho Sol.

Oynyena Maria – Divindade eslava do fogo, "Maria do Fogo", companheira do deus do Trovão.

Ananta – Divindade hindu, senhora do fogo criador e da força vital feminina. Seu nome significa "o infinito", aparece como uma grande serpente e em muito se assemelha à serpente do fogo Kundaline, para muitos também uma divindade feminina do fogo.

Comentários: O Trono Feminino da Justiça, Egunitá, sempre foi cultuado em várias culturas, como pudemos ver. A princípio não é um Orixá muito conhecido entre os nagô-yorubás africanos, mas essencial para completar todo um panteão de Umbanda. Sendo a mãe que purifica os males por meio de seu fogo, ou recorremos a ela ou nos tornamos carentes de sua presença nos momentos em que só uma mãe ígnea pode nos ajudar. Na Umbanda, é sincretizada com Santa Brígida, a santa do fogo perpétuo associada a Brighid celta ou Santa Sara Kali, padroeira dos ciganos que surge como "virgem negra" associada a Kali hindu.

MÃE IANSÃ

Mãe Iansã, divindade de Umbanda, é o Trono Feminino da Lei, absorve o desequilíbrio na justiça de forma ativa, reconduzindo o ser ao equilíbrio; cósmica, pune quem dá mau uso ou se aproveita dessa qualidade divina com más intenções.

Fator direcionador, ajuda a encaminhar as pessoas, mostrando-lhes o caminho certo a seguir. A mais guerreira de todos os Orixás femininos, atuando no sentido da Justiça junto de Xangô, e na Lei com Ogum. Seu elemento é o ar que movimenta e sustenta o fogo, uma vez que Iansã é movimento o tempo todo.

Pedra: citrino. Ponto de força: pedreiras. Sua cor é o amarelo.

Iansã, Themis, Atena, Astreia, Nike, Bellona, Justitia, Maat, Anat, Durga, Indrani, Valquírias, Maeve, Nehelenia, Irnini, Inanna, Andrasta, Mah, Daena, Anat, Rauni, Perkune Tete.

Themis – Segunda esposa de Zeus, era uma titânide da justiça e da ética, guardiã da balança. Conhecida por seus sábios e justos conselhos, chegou a ajudar Zeus quando este se casou com Hera.

Atena – Divindade grega, nasce já toda armada e crescida da cabeça de Zeus, carregava uma lança e um escudo. De todas as divindades gregas, Atena é uma das mais guerreiras.

Astreia – Divindade grega da justiça, vive no céu afastada da Terra pela maldade dos homens.

Nike – Divindade grega das vitórias equivalente à romana Victória.

Bellona – Divindade romana da guerra, da estratégia e da soberania territorial, evocada para decidir táticas, estratégias e negociações.

Justitia – Divindade romana, chamada em todos os juramentos e promessas.

Maat – Divindade egípcia, feminina, da justiça e da verdade, com sua pluma, que costuma carregar na cabeça, mede o peso dos corações dos homens na balança de Anúbis, caso o coração seja mais leve que a pluma, se trata de um nobre de espírito merecedor da luz, caso contrário... Maat era filha de Rá e esposa de Thoth.

Anat – Divindade egípcia da guerra, veste-se com a pele de pantera, segurando nas mãos um cetro e a cruz alada ou o escudo e a lança.

Durga – Divindade hindu, "inacessível", guerreira, costuma aparecer montada em um tigre empunhando sua espada, com a qual venceu o "demônio Vasuki". Possui 12 ou 18 braços e em cada mão tem armas dadas pelos deuses. Ela é implacável contra os demônios, o que em nós representa principalmente nosso ego e ignorância.

Indrani – Divindade hindu, consorte de Indra, o deus da guerra, igualmente guerreira.

Valquírias – Divindades nórdicas guerreiras. Geurahod era a valquíria que decidia a vitória nos combates. Essas guerreiras eram conhecidas pela luminosidade de suas armaduras, assim também chamadas "luzes do norte".

Maeve – Divindade celta, era uma das cinco filhas de Eochardh Feidhleach, rei de Connacht. Mulher de beleza "intoxicante" e "embriagante", forte, guerreira e estrategista. O festival pagão de Mabon era comemorado em sua homenagem. Deusa da guerra muito similar a Morrigan, fez com que seu guerreiros experimentassem as dores do parto. É rainha de Connacht, traz o poder feminino e da terra. Famosa por sua beleza e possessão sexual, teve muitos amantes, em sua maioria oficiais de seu exército, o que assegurava a lealdade de suas tropas. Muitos homem lutavam com toda a sua garra nos campos de batalha por uma possibilidade de receber seus favores sexuais.

Sempre aparecia cavalgando cavalos selvagens e vivia cercada de animais. Com cabelos ruivos, sempre andava com a espada e o escudo.

Nehelenia – Divindade celta guardiã dos caminhos. Protegia viajantes e abria os portais de mundos desconhecidos para o buscador, por meio dos sonhos, conduzindo a uma viagem de iniciação interior.

Irnini – Divindade sumeriana da guerra assimilada por Ishtar.

Inanna – Divindade sumeriana, Ishtar babilônica. Como Inanna foi a deusa de Uruk, a portadora das leis divinas. Divindade do amor, da fertilidade e da guerra. Adorada por seu poder e força. Desposou o mortal pastor Dumuzi e o transfomou em rei de Uruk, o que tornou a terra fértil e próspera.

Andrasta – Divindade celta da guerra, chamada de "A Invencível".

Mah – Divindade da guerra na Capadócia.

Daena – Divindade persa, guardiã da justiça, protetora das mulheres e condutora das almas.

Anat – Divindade mesopotâmica da guerra, da vida e da morte. Guerreira, virgem e mãe. Tendo se relacionado com muitos deuses, seu aspecto de virgem serve para lembrar que Anat é dona de sua sexualidade.

Rauni – Divindade finlandesa, senhora do trovão e esposa do deus do relâmpago.

Perkune Tete – Divindade eslava do trovão e do relâmpago.

Comentários: Trono Feminino da Lei, Iansã, assim como Ogum, é facilmente identificada entre os povos guerreiros em culturas menos patriarcais quanto à nossa atual. Na Umbanda, é sincretizada com Santa Bárbara, santa dos raios e trovões que aparece empunhando uma espada.

MÃE NANÃ BUROQUÊ

Mãe Nanã Buroquê, divindade de Umbanda, é o Trono Feminino da Evolução, absorve o que impede o ser de evoluir de forma natural. Cósmica, pune quem dá mau uso ou se aproveita dessa qualidade divina com más intenções. Fator decantador, ajuda a decantar nossos males e tudo o mais que atrasa nossa caminhada. Aparece como uma velha senhora, arquétipo da avó paciente e sábia. Elemento água. Ponto de força nos lagos. Sua cor é o lilás.

Nanã Buroquê, Perséfone, Maia, Hécate, Hell, Cerridwen, Shitala, Ereshkigal, Befana, Baba Yaga, Madder-akka, Cailleach.

Perséfone – Divindade grega (seus movimentos refletiam as estações do ano). Casada com Hades, filha de Deméter, tornou-se rainha do mundo subterrâneo.

Maia – Divindade grega, mãe de Hermes, avó de Pã, divindade de culto tão antigo que é considerada pré-helênica, anciã detentora de grande sabedoria e senhora da noite.

Hécate – Divindade grega, senhora dos mortos e da noite, tinha o dom de proteger contra os maus espíritos; era cultuada e oferendada nas encruzilhadas.

Shitala – Divindade hindu feminina da varíola, ligada portanto às doenças e à cura.

Hell – Divindade nórdica da região dos mortos. Aquela que reina sobre os abismos de Helheim e Niflheim. Antiga Deusa da terra. Aparecia com partes do corpo infectadas por doenças.

Cerridwen – Divindade celta, senhora da noite e da magia. Cerridwen traz o arquétipo da velha senhora detentora da sabedoria antiga, que possui o caldeirão mágico onde decanta suas poções.

Ereshkigal – Divindade sumeriana e babilônica, "rainha da grande terra", "rainha da terra", avó de Inanna em alguns mitos e sua irmã em outros. É a esposa de Gugalana e mãe de Ninazu. Deusa dos mortos, do mundo subterrâneo. Muitos hinos são dedicados a ela.

Befana – Antiga divindade da região itálica, representa a anciã que trazia presentes para as crianças e espantava os espíritos do mal.

BabaYaga – Divindade eslava, anciã, enorme velha com cabelos desgrenhados. Aparecia com pés e bocó de ave. Construía sua casa com os ossos dos mortos. Viajava montada em um socador de grãos. Tinha modos impetuosos, selvagens e penetrantes. Destruidora do que é superficial, eterno.

Madder-akka – Divindade finlandesa, "a velha". Mãe das deusas Juks-akka, Sar-akka, Uks-akka, padroeira dos partos e guardiã das almas das crianças até que elas estivessem prontas para encarnar.

Cailleach – Divindade celta, pouco conhecida, trazia as doenças, a velhice e a morte. É uma velha senhora ou velha bruxa. Guardiã do portal que leva aos períodos de escuridão do ano, é também divindade evocada perante a morte e a transformação.

Comentários: Trono Feminino da Evolução, Nanã Buroquê aparece para nós como uma avó, a velha senhora que tem a paciência e a sabedoria para nos ouvir. Na Umbanda, é sincretizada com Santa Ana.

PAI OMOLU

Pai Omolu, divindade de Umbanda, é o Trono Masculino da Geração, absorve a geração desequilibrada de forma ativa, paralisando o ser propenso a criar em desequilíbrio; cósmico, pune quem dá mau uso ou se aproveita dessa qualidade divina invertendo seu valor e levando a morte no lugar do nascimento da geração. Fator paralisador, ajuda a cessar ações negativas.

Elemento terra que estabiliza, presente nos cemitérios e no mar. Sua cor é o roxo ou as três juntas: branco, vermelho e preto.

Orixá masculino que reina no cemitério junto com Obaluaiê. Senhor da Morte.

Omolu, Hades, Yama, Anúbis, Arawn, Iwaldi, Tung-Yueh Ta-ti (Tong Yue Dadi), Mictlantecuhtli, Ah puch.

Hades – Divindade grega, Plutão romano, "O Invisível", filho de Cronos e Reia, Deus dos mortos que morava no mundo subterrâneo, casou-se com Perséfone, filha de Deméter. Possui ainda um cão de três cabeças chamado Cérbero, que desempenha a função de guardião do mundo subterrâneo, ficando no portão, evitando que os vivos entrassem e assustando os mortos que chegavam.

Yama – Divindade hindu masculina da morte, no Ramayana se passa por cachorro salvando Rama da morte.

Anúbis – Divindade egípcia masculina da morte, considerado ainda o grande juiz dos mortos.

Arawn – Divindade celta da morte, aparece sempre acompanhado de lobos brancos.

Iwaldi – Divindade escandinava, "O anão da Morte", esconde a vida no fundo do oceano.

Tung-Yueh Ta-ti (Tong Yue Dadi) – Divindade chinesa do sagrado monte Tai Shan e dirigente do mundo subterrâneo. É ele quem calcula, em um ábaco, o tempo de vida que cada um tem aqui na Terra. Senhor da morte, é responsável pelo desencarne.

Mictlantecuhtli – Divindade asteca, "deus da morte", senhor de Mictlán, o reino silencioso e escuro dos mortos.

Ah puch – Divindade maia da morte, senhor do reino dos mortos.

Comentários: Trono Masculino da Geração, Omolu aparece como uma Divindade pouco compreendida em seu mistério pelo temor que todos têm da morte, por não entenderem ser ela tão natural quanto o nascimento. Na Umbanda, é sincretizado com São Roque ou São Bento.

ORIXÁ EXU
Divindade ou Trono Masculino da Vitalidade

Exu, divindade africana, nagô-yorubá, é o Trono da Vitalidade. Sendo um trono tripolar, ele vitaliza, desvitaliza ou neutraliza toda e qualquer ação.

Orixá Exu tem origem nagô, em que é divindade fálica, age também no sentido do vigor físico e espiritual. Seu nome quer dizer Esfera, mostrando ser uma divindade que atua em tudo e em todos os campos.

Considerado o mensageiro dos outros Orixás, Exu vitaliza ou desvitaliza qualquer um dos sete sentidos, sendo muito evocado e muito atuante pela abrangência de seu mistério.

O tridente, ferramenta de Exu na Umbanda, nunca teve conotação negativa, pelo contrário. O tridente sempre foi algo divino nas culturas pagãs anteriores ao Cristianismo, por isso a cultura católica fez questão de pregar o inverso, para facilitar a conversão de seus fiéis e fazer com que esquecessem os mistérios a que tinham acesso direto. Agora o único acesso a qualquer mistério estaria na mão de um sacerdote católico.

Podemos citar ainda os tridentes de Netuno, Posseidon e Shiva, entre outros. Esses tridentes mostram o valor divino concedido a eles: a trindade; o alto, o meio e o embaixo; céu, mar e terra; luz, sombra e trevas; pai, mãe e filho; etc. Na cultura católica, essa trindade perde toda sua relação com o tridente e aparece apenas como Pai, Filho e Espírito Santo, deixando de lado o elemento feminino, tão importante, que se concentrará na figura de Maria, mãe de Jesus.

Assim, Exu evoca seu mistério do vigor e o mistério tridente já tão deturpado em nossa cultura, mas de grande valor como mistério divino, pois traz em si poder de realização, desde que manifesto da forma correta.

Exu, Hermes, Pã, Príapo, Dionísio, Min, Bes, Seth, Savitri, Lóki, Baal, Shulpae, Shullat, Kanamara Matsuri, Baco, Anzu.

Hermes – Divindade grega, filho de Zeus com a ninfa Maia, era o mensageiro dos Deuses. Era responsável por tudo que se relacionasse com movimento, viagem, estradas, moeda e transações comerciais. Por isso aparecia sempre usando um chapéu de viajante e sandálias aladas. Na mão, levava uma varinha mágica feita de duas cobras enroscadas em uma haste.

Pã – Divindade grega, filho de Hermes, torso humano, pernas e chifres de bode, deus dos campos, dos pastores e dos bosques. Adorava a companhia de sátiros, era bom músico, bom dançarino e adorava perseguir as ninfas. De voz aterradora, é a partir de seu nome que nos vem a noção de "pânico".

Príapo – Divindade grega, filho de Afrodite e Hermes, divindade fálica da fertilidade.

Dionísio – Divindade grega, filho de Zeus e de Sêmele, Deus dos vinhos e folguedos, vagava por todo o país bebendo vinho e dançando sem parar. Teve seu culto inicial mais ligado aos aspectos de divindade da floresta, possuindo qualidades fálicas, foi deixando para trás sua natureza vegetal, lembrada apenas pelo vinho e videiras. Como divindade fálica, aparece com sobrenomes como Ortos, "O Ereto", e Enorques, "O Bitesticulado".

Min – Divindade egípcia, divindade fálica, também da abundância, da fertilidade, da força, do poder e do vigor.

Bes – Divindade egípcia, "deus da concupiscência e do prazer", de origem estrangeira, aparece de pé sobre um lótus; também é fálico.

Seth – Divindade egípcia, senhor do caos ou da desordem, também transmite força, poder e vigor. Atua de forma tripolar e muitas vezes atuará no campo do Trono oposto ao Trono da Lei, pois sua presença gera a desordem, bem como sua ausência beneficia a ordem divina.

Savitri – Divindade hindu, "su", raiz do nome ("estimular"), é o "estimulador de tudo".

Lóki – Divindade nórdica, irmão de Odim, é divindade de força e poder que muitas vezes direciona todo esse potencial de forma não compreensível. Incansável em suas ações, é em si o próprio mistério do Vigor agindo de forma dual, ora positivo e ora negativo.

Baal – Divindade caldeia, cananeia e fenícia, "Senhor" ou "Esposo". Também é um deus fálico.

Shulpae – Divindade sumeriana com uma série de atribuições, incluindo fertilidade e poderes demoníacos.

Shullat – Divindade sumeriana, consorte de Hanish. Servo do deus Sol. Equivalente a Hermes, o mensageiro divino.

Kanamara Matsuri – Divindade japonesa, "falo de ferro", senhor da fertilidade, reprodução e sexualidade, trazia fartura e a cura para a impotência e a esterilidade.

Baco – Divindade grega do vinho e da vindina, da devassidão e do alvoroço.

Anzu – Divindade babilônica, águia de cabeça de leão, porteiro de Enlil, nascido na Montanha Hehe. Apresentado como o ladrão mal-intencionado no mito de Anzu, mas benevolente no épico sumério de Lugalbanda.

Comentários: O Trono Masculino da Vitalidade, Exu, tem sido muito mal compreendido desde que fomos dominados por uma cultura que vê a união carnal como pecado original. A região sacra do corpo humano tornou-se algo a ser escondido como vergonhoso. A fertilidade divina perde sua relação com o vigor físico, logo as Divindades fálicas são mal compreendidas e facilmente associadas a algo negativo. Espiritualmente o órgão sexual, responsável pela concepção, geração, multiplicação e perpetuação da espécie é divino, sem dúvida, sendo algo negativo a "bestialização" do que nos foi reservado para o Amor. Logo, a vitalidade, o vigor e o estímulo são algo essencial para a vida, pois é aplicado não apenas com conotação sexual, mas também em todos os campos da vida, pois uma pessoa desvitalizada ou desestimulada rapidamente vai perdendo a vontade de viver.

Entendemos assim que, como esse, muitos outros mistérios e tronos de Deus são incompreendidos; nossos tabus e conceitos muitas vezes encobrem a visão do que é sagrado e divino em nossas vidas.

ORIXÁ POMBAGIRA
Trono dos Desejos e Estímulo

Falar sobre Orixá Pombagira é uma oportunidade de trazer à tona a polêmica e a explicação sobre esse novo olhar para um mistério tão antigo quanto a criação. Sim, aquilo que identificamos como Pombagira, e que é antes de mais nada um arquétipo para as entidades que se manifestam sob essa identidade, é um mistério antigo sustentado por uma divindade ancestral e milenar.

Em outras culturas há um relacionar-se com esse mistério por meio de outros nomes. Existe um texto de autoria desconhecida chamado de *Geografia dos Orixás*, do qual cito esta passagem a seguir:

Também chegou até a Bahia o culto a Iya Mapo, patrona da vagina, por ser através dela que todos os seres humanos vêm ao mundo, daí sua sacralização. Iya Mapo é muito venerada e cultuada em Igbeti. Existe um itan Ifa (história de Ifa), pertencente ao odu Osa Meji (10), que conta como foi colocada a vagina no devido lugar da mulher, até então colocada em vários lugares do corpo, menos no que é hoje. Para isso estiveram envolvidos não só o Odu osa meji, mas também Esu e Iyami Osoronga, em um ebó feito com duas bananas e um pote, cabendo a Esu sua localização atual, bem como a do pênis do homem do qual Esu é o dono.

Embora na Umbanda nem Exu nem Pombagira têm, nem devem ter, toda essa conotação sexual, mesmo porque seu símbolo está relacionado, aqui em nossa religião, ao Tridente quadrado ou redondo como "totem" de poder, ainda assim é um meio de encontrar uma relação entre a citada Iya Mapo e Pombagira.

Também levamos em consideração o fato de que é possível que Iya Mapo exista apenas como especulação, por causa de sua controvérsia e de não encontrar nenhum templo dedicado a ela, ainda assim, independentemente de existir na cultura ou no culto, sua simples idealização já cria uma relação com algo divino na criação, relacionado à sexualidade feminina ou ao que de mais feminino pode haver, biologicamente falando, no corpo da mulher, o que inclui todo o seu aparelho ginecológico e reprodutor. Sim, falo aqui do todo e não apenas da parte, do todo que inclui por exemplo a produção dos hormônios femininos e toda a relação que há com o sagrado feminino e divino na mulher. Todas as mães Orixás têm qualidades bem definidas e não há de se excluir essas qualidades por hipocrisia ou um falso moralismo.

Se não usamos para Exu ou Pombagira os órgãos sexuais como simbolismo é porque sua atuação não se limita a uma questão apenas sexual ou de procriação. É fácil compreender a importância do simbolismo genital em uma sociedade tribal na qual um de seus valores maiores está na procriação, em que, por se tratar de outra cultura, não há pudores. Assim como os índios, os nagôs não escondiam seus órgãos sexuais e andavam nus como Adão e Eva, já que seu "paraíso" sempre esteve aqui neste mundo. Mas assim como chifres e rabo já foram símbolos de poder em outras culturas, atualmente não há muito sentido em colocarmos os mesmos em nossas entidades, pois em vez de representar um poder serve como "munição" ao preconceito, discriminação e demonização de nossas entidades. Uma pedra, um bastão, um cajado, uma flauta já são fálicos por natureza, nada justifica a utilização de "próteses" ou falos detalhadamente confeccionados, como um pênis ereto adornando uma "tronqueira", subentendendo e limitando a ação da divindade a uma questão sexual, dando uma conotação que evoca um simbolismo outro a partir da cultura brasileira que é a base de nossa Umbanda. Portanto, nem tudo que é bonito no discurso ou teoria vai para a prática, se o simbolismo usado não encontrar eco em nossos corações, nem pintado de ouro.

Mas, voltando à questão da divindade, Trono do Estímulo, Orixá Pombagira, também vamos encontrar uma relação com a divindade "Iyamin Oxorongá", que faz parte de uma sociedade feminina africana (nagô) e são muito temidas. Para alguns, Iyamin são todas as mães em sua origem e aspectos negativos ou primordiais, para outros é uma temida mãe original. De qualquer forma é uma "deusa", um dos aspectos do feminino sagrado. Consideradas mães feiticeiras, "As Senhoras do Pássaro da Noite" guardam e têm semelhanças com a divindade Pombagira.

Na Índia, as guardiãs de Kali se mostram de forma idêntica às Pombagiras, inclusive com a pele avermelhada. As imagens de Pombagiras nuas e vermelhas nos lembram algumas das naturais de Pombagira, entidades não humanas que habitam uma dimensão ou reino regido pelo Orixá Pombagira. As naturais não costumam incorporar nem trabalhar com médiuns de Umbanda; a exemplo de Exu, nos relacionamos com nossa Pombagira de trabalho e temos o amparo de nossa Guardiã Pombagira.

Todo médium tem uma Pombagira de trabalho, uma Pombagira natural e uma Pombagira guardiã, além das Pombagiras auxiliares que trabalham junto de nossos guias e Orixás.

Há uma relação estreita entre as divindades do amor e Pombagira como divindade da paixão, assim *Oxum* e *Pombagira* têm uma relação especial e da mesma forma veremos divindades do amor que trazem em si aspectos dessa paixão, ou melhor, do mistério de Pombagira, mesclados ou não com um arquétipo guerreiro.

A divindade sumeriana/babilônica **Astarte** representa tanto o amor quanto a paixão, seu nome quer dizer "O Ventre", ela era associada ao planeta Vênus, a Estrela Matutina. Aparecia nua montada em uma leoa, segurando em uma mão um espelho e em outra uma serpente. Com a expansão do Judaísmo seu nome foi deturpado para *Astoré*, "coisa vergonhosa", e considerado um demônio babilônico, suas cores são o branco e o vermelho, representando o sangue e o sêmen. O mesmo fizeram com a divindade **Lilith** sumeriana, que é uma mãe do amor, da sexualidade e da força feminina. Nas escrituras judaicas, ela aparece como a primeira esposa de Adão, que por não aceitar ser submissa foi trocada por Eva.

A divindade grega **Nêmesis** também teve sua imagem deturpada, era originariamente uma guardiã do mundo dos mortos e executora da justiça de Themis, castigando os mortais transgressores.

Hécate, Senhora da Magia e da Noite, assim como todas as outras deusas que trabalham o negativo, o escuro ou as paixões, também tem relação com Pombagira e da mesma forma foi deturpada. Filha dos Titãs Parses e Astéria, era cultuada nas encruzilhadas, assim como Trívia. Faz parte dos mistérios de Elêusis por ter uma relação de muita proximidade com Perséfone e Deméter, que passa seis meses no mundo subterrâneo e seis meses em terra.

Ajudou Perséfone a procurar sua filha Deméter quando esta foi sequestrada pela divindade do mundo subterrâneo Hades (Omolu); na ausência de Deméter, assume o posto de Rainha do Érebo.

O objetivo deste texto foi mostrar algumas das divindades que podem ser associadas ao Orixá Pombagira e mais uma vez lembrar como a tradição judaico-cristã demonizou o que não conseguiu absorver; assim como o fato de muitas divindades conhecerem e trabalharem nossas sombras e paixões não implica que elas sejam negativas ou negativadas e nem sempre são tronos opostos. Espero que o texto sirva de colaboração para uma melhor compreensão desse mistério na Umbanda, a *Mãe Orixá Pombagira*.

O mais importante é reconhecê-la como um dos aspectos do feminino sagrado, uma das divindades femininas, uma "deusa", a manifestação de Deus por meio de uma de suas faces femininas.

APÊNDICE

MITOLOGIA PARA UMBANDA

A Origem Nagô-Yorubá

Olodumare, Senhor Supremo de Nossos Destinos, também conhecido como Olorum, Senhor do Orum, criou o primeiro dos Orixás, Oxalá, e deu-lhe a incumbência de criar o mundo, entregando-lhe o saco da criação.

No momento da criação já havia outros Orixás habitando o Orum, e Oxalá foi aconselhado por Orumilá a oferendar o Orixá Exu antes de empenhar sua tarefa.

Oxalá olvidou o conselho e partiu sem fazer suas oferendas, no que Exu usou de seus poderes criando em Oxalá muita sede.

Chegando ao local onde o mundo seria criado, encontrou uma palmeira, com seu cajado, opaxorô, fez um furo na palmeira e bebeu seu vinho.

Bebeu, bebeu, bebeu e logo depois adormeceu ao lado da palmeira.

Exu lhe tomou o saco da criação e entregou ao Orixá Odudua, que com a concessão de Olorum e as devidas oferendas, fez a tarefa que antes seria de Oxalá.

Ao acordar, Oxalá vê que o mundo já está criado e se dirige a Olorum para expor o ocorrido, ao que o Senhor do Orum lhe dá uma nova incumbência, criar os homens.

Oxalá toma o barro e com ele modela o homem e a mulher, porém não tem vida, assim chama Olorum para expor a questão, ao que este se aproxima e sopra o sopro da vida, animando assim os homens e mulheres modelados por Oxalá.

Um mito é uma alegoria, uma metáfora que traz um simbolismo da vida e da criação. O mito oculta valores e orientações para a vida em sociedade e o entendimento da relação com o sagrado. Aqui nesse mito da criação, um dos mais conhecidos da cultura nagô-yorubá, reinterpretado, encontramos muitos elementos para o entendimento e relacionamento com esse universo mitológico dos Orixás.

Olodumare, Senhor Supremo de Nossos Destinos, também conhecido como Olorum, Senhor do Orum (Céu ou a realidade que transcende a matéria), é Deus para a cultura nagô.

Esse mito nos lembra de que até Oxalá deve oferendar Exu, pois nada se faz sem antes oferendar o dono da encruzilhada. Exu reina na encruzilhada entre o mundo material (Ayê) e o mundo mítico-espiritual (Orum); ao passar por Exu, ao fazer o trânsito entre realidades, é necessário oferendá-lo, o que é uma questão de respeito e devoção.

Essa questão também nos lembra de que não devemos empreender uma tarefa sozinhos, devemos contar com amparo e ajuda dos outros, devemos ser humildes e ouvir os conselhos. Claro que não cremos que Oxalá seja arrogante ou que se desentenda com outros Orixás, mas em mitologia as questões e situações tão humanas são colocadas apenas para ensinar e criar uma forma de transmissão oral de fácil assimilação.

Veja que Oxalá criou o homem, mas apenas Deus, Olorum, pode lhe dar a vida ou o sopro da vida. Quando Oxalá procura Olorum, ele é perdoado e absorve esse mistério de Olorum, logo passa a ser o Orixá do perdão. Há também uma observação no que diz respeito aos excessos que nos fazem deixar de lado as responsabilidades e compromissos. Oxalá passa a não receber nada que seja alcoólico, pelo contrário, Oxalá passa a representar a sobriedade, a calma e a paz.

Orumilá representa o oráculo, aquele que conhece presente, passado e futuro, logo representa a onisciência de Deus prevendo o acontecimento e aconselhando seu filho mais velho, pois muitas vezes o mais velho deve procurar o mais novo.

As interpretações de um mito não têm fim, cada observador terá uma visão diferente do mito.

Jornal de Umbanda Sagrada, nº 95 – 4/2008

OXALÁ: A FÉ QUE NOS CONDUZ

Entendemos as divindades atuando em vários níveis na criação, e assim é com nosso amado Pai Oxalá.

No nível mais próximo, temos as manifestações mediúnicas das entidades naturais e encantados de Oxalá, trazendo as qualidades desse amado Pai para nosso benefício.

Em outros níveis, encontraremos atuações mais amplas e coletivas.

Os Orixás, regentes de níveis intermediários e intermediadores, são sustentadores daqueles que conhecemos como Orixá individual e de trabalho, na verdade, uma entidade natural, não reencarnante, da vibração daquele Orixá.

Em um nível mais elevado, os Orixás planetários são a manifestação viva das múltiplas qualidades de Deus. São potências da criação.

Oxalá em seu mais alto nível é o magnetizador, é o campo onde tudo acontece, é a propriedade magnetizadora. Onde há vida e energia, há magnetismo.

Oxalá está em tudo, e todas as outras divindades se manifestam com energia, força e magnetismo graças a Oxalá, que é o próprio magnetizador e desmagnetizador.

Em nível humano, é a força que congrega pessoas em um único ideal. Dos sentidos ele é a fé, o mais sublime de todos.

Sem a fé, não existe nenhum dos outros sentidos: amor, conhecimento, justiça, lei, evolução e geração.

Dos elementos, Ele é o quartzo cristalino, cristal transparente.

Encontre algo puro, encontre a paz, encontre a tranquilidade e lá estará Oxalá.

Mas procure dentro de você, pois Oxalá habita o íntimo de cada um de nós.

A sinceridade, o brilho nos olhos, palavras e pensamentos mostram o quanto nos afinizamos com nossos pais e mães Orixás.

Não podemos contemplar a face ou o rosto de Oxalá, mas podemos contemplar o Sol, a abóbada celeste e o horizonte que nos inspiram sentimentos de fé e esperança, tal qual nosso amado Pai Oxalá.

As faces da natureza são as faces de Deus. São os rostos de nossas divindades.

Jornal de Umbanda Sagrada, nº 46 – 2/2004

JESUS, O DIABO E A UMBANDA

Jesus se recolheu no deserto por 40 dias e nesse período foi tentado pelo diabo três vezes. Vejamos o que fala a Bíblia (Matheus 3-4):

"Então Jesus foi levado pelo espírito para o deserto, para ser tentado pelo diabo.

– Se és filho de Deus, manda que estas pedras se transformem em pães.

– Não só de pão vive o homem, mas de toda palavra que sai da boca de Deus.

– Se és filho de Deus atira-te para baixo, porque está escrito: Ele dará ordem a seus anjos a teu respeito, e eles te tomarão pelas mãos, para que não tropeces em nenhuma pedra.

– Também está escrito: Não tentarás o Senhor teu Deus.

Mostrando todos os reinos do mundo, fala o tentador:

– Tudo isso te darei, se, prostrado, me adorares.

– Vai-te Satanás, porque está escrito: Ao Senhor teu Deus adorarás e só a Ele prestarás culto."

Este é o poder da Bíblia, da palavra e de Jesus, reunir muitos ensinamentos em poucas palavras, ensinamentos que vão além do tempo e da cultura, são vivos até hoje.

Que tal uma reflexão para a Umbanda?

Podemos começar com o recolhimento de Jesus, mostrando-nos que há momentos em que se fazem necessários nossos recolhimentos para uma reflexão sobre a vida e para alcançar níveis mais elevados de consciência, por meio de provas e iniciações.

Quem é o diabo?

Pode ser muitas coisas, desde uma entidade, um anjo caído, um ser que representa o mal, uma outra pessoa ou simplesmente nosso lado sombrio, nosso ego, nossas paixões e desejos que devem ser vencidos.

Mas a melhor reflexão cabe às três tentações, pois Cristo rejeita exatamente o que médiuns e consulentes pedem para alcançar por meio da Umbanda. Vejamos:

Transformar pedra em pão
Quantos esperam demonstrações de poder para solucionar sua "fome" de forma instantânea.

Atira-te para baixo
Muitos esperam da Umbanda proteção sobre-humana para fazerem o que bem entenderem.

Tudo isso te darei
Quanto a esta, o diabo nem precisa oferecer, é tudo o que boa parte espera "ganhar" com a Umbanda, os reinos deste mundo, esquecendo-se de que o que está acima do altar não é uma "barra de ouro" e sim o "ouro da vida".

Essa é uma crítica para refletirmos qual o papel da religião em nossa vida, que com certeza não é produzir milagres, nem satisfazer nossos desejos.

O ser humano passa anos criando e alimentando seus problemas e complicações, depois espera que um caboclo ou preto-velho o resolva em um estalar de dedos.

O ser humano se mostra descrente e exige um milagre para sair dessa sua condição de desilusão da vida.

O ser humano não quer ser humano, quer ser Deus – no sentido egoísta da palavra, pois todos somos deuses –; o mito do anjo caído diz respeito ao próprio ser humano, que dá ouvidos às suas vaidades, desejos e paixões.

A religião é um convite para conhecermos melhor a nós mesmos, nos espiritualizarmos e buscar uma vida feliz, independentemente do que temos ou possuímos.

Jornal de Umbanda Sagrada, nº 101 – 10/2008

IEMANJÁ É POP

Pergunte a 30 pessoas ou mais que não sejam *"Do Santo"* (das religiões de matriz ou influência afro) se elas conhecem ou sabem "O que é Umbanda?", "O que é Candomblé?" e/ou se "Sabem o que é um Orixá?". Agora pergunte às mesmas pessoas se elas "Sabem quem é?" ou "Se conhecem Iemanjá?".

Não se surpreenda se a maioria lhe disser que não faz a mínima ideia do que é Orixá, Umbanda ou Candomblé... mas todas sabem quem é Iemanjá.

Quem nunca foi de branco passar o réveillon na praia à beira-mar, levando rosas brancas e champanhe para o mar, pulou sete ondas e pediu boa sorte de frente ao mar, de frente para a Rainha do Mar?

Muitos nem sabem que esse costume nasceu com a Umbanda e o Candomblé, já que faz parte dos rituais de sua liturgia.

Iemanjá é o mais popular dos Orixás, não há quem a desconheça ou que nunca tenha pelo menos ouvido falar sobre ela.

A popularidade é tão grande que podemos até dizer que é POP, sua imagem vem estampada em camisetas de todos os tamanhos e cores, são vendidas velas com sua imagem, sua estátua é seguramente a mais vendida nas casas de artigos religiosos.

"Jovens" de todas as idades "adoram" e adoram essa divindade do panteão nagô-yorubá, que inclusive sofreu uma contração de seu nome na vinda e estadia aqui no Brasil, pois na língua original (yorubá) temos Yia = Mão, Omo = Filhos, Eja = Peixe; o que seria Yaomoeja se tornou Iemanjá.

Iemanjá ganhou até uma roupagem brasileira, na década de 1970 uma clarividente carioca teria visto a imagem de Iemanjá pairando sobre o mar, ela passou as impressões do que viu a um artista que fez o tradicional retrato de Iemanjá, tão conhecido e popular quanto ela.

Nessa mesma época, e se não me falha a memória no mandato do prefeito "Dozinho", foi levantada a imagem de Iemanjá na Praia Grande.

Até hoje existe uma polêmica se aquela Iemanjá branca é a mesma do Candomblé e da Umbanda ou se a Iemanjá do Candomblé deveria ser negra. Como se houvesse duas Iemanjás só por causa da cor da pele dela, uma branca e outra negra. Logo de cara não entendia essa questão, pois para mim Iemanjá podia aparecer de qualquer cor ou raça, pois ela, enquanto divindade, transcendia essa questão racial. Foi aí que entendi então como podem ser intolerantes os religiosos, uns querendo a divindade só para si e outros levantando o direito de uma imagem.

Iemanjá também goza de privilégio e popularidade entre os Orixás; considerada a mãe dos Orixás, é chamada Rainha e mulher de Oxalá, "o maior" dos Orixás.

Iemanjá resume em si todo o aspecto feminino da criação, ela é a própria deusa e na religião cristã está associada a Maria, Mãe de Jesus.

O novo adepto das religiões de culto aos Orixás logo vem pensando em ser filho de um Orixá conhecido como Xangô ou Ogum e as mulheres geralmente vêm pensando em Iemanjá ou Oxum. Depois é que vão conhecendo outros Orixás e se encantando por eles.

Houve um tempo em que as festas de Iemanjá no litoral paulista tomavam toda a Praia Grande e Santos, que teve uma das Federações de Umbanda mais atuantes do país, com d. Graciana à sua frente.

Os mais velhos dizem que nunca mais se viram festas como as de antigamente e que a cada ano menos pessoas vão ao mar. Resta apenas um pequeno espaço reservado aos festejos de Iemanjá na Praia Grande e agora em Mongaguá também, graças a Jacob Neto, filho de santo de Ronaldo Linares e que faz um grande trabalho como sacerdote de Umbanda naquela região.

Ou o número de adeptos está caindo bruscamente ano após ano ou a popularidade da festa tem caído, em que os adeptos mais jovens não veem mais com tanto interesse uma festa à Rainha do Mar.

Os tempos mudam, as pessoas e culturas se transformam, mas Divindades nunca morrem, elas têm uma capacidade de se adaptar e de ressuscitar, Cristo que o diga pois ressuscitou para ganhar status entre os panteões antigos, onde o mínimo para uma divindade de alto escalão como Krishna, Zoroastro ou Morfeu era nascer de uma virgem.

Constantino, que deu carta branca para os cristãos em Roma, não poderia se colocar sob a proteção de um "deus" que fosse menos que Apolo, assim nasce "Jesus Cristo", o Deus-Homem dos romanos cristãos, seguidores de um Judeu chamado Yashua que teria feito um homem ressuscitar dos mortos.

E o que isso tudo tem a ver com Iemanjá é que só assim para dizer que ela é amada e não tem de ser perfeita para isso, ela pode ser "superprotetora", pode ser "ciumenta", pode até gostar de coisas como pente de cabelo, espelhos e até perfumes. Com certeza lhe agradam as rosas brancas e champanhe.

As qualidades de Iemanjá, assim como dos outros Orixás, não têm relação direta com a abnegação cristã. Os Orixás têm sim é naturezas e arquétipos diferentes, o que os identifica com seus filhos e até um "defeito" pode passar a ser visto como uma qualidade. Por exemplo, podemos ouvir uma pessoa dizendo que é brigão por ser filho de Ogum ou mulher se dizer muito vaidosa por ser filha de Oxum...

Os Orixás são "reis e rainhas" que visitam seu filhos aqui na Terra e por isso eles ostentam tamanha dignidade, pois são também reais e devem mostrar a majestade por seu comportamento ilibado.

Bem, quem cuida desses valores na família geralmente é a Mãe, e mais uma vez chegamos a Iemanjá que é a mãe em pessoa, onde houver uma mãe ali está Iemanjá, mas se Iemanjá não existisse então não haveria mães no mundo, pois ela é esse mistério "Mãe" em si na criação. Ela é o mistério que na Cabala hebraica se chama Chequiná, o lado feminino de Deus, dele mesmo, de YVHV, Adonai.

Iemanjá é tudo isso e muito mais, ela é maior que as religiões que a cultuam e, acredite, poderíamos criar toda uma religião com liturgia, mitologia, filosofia e teologia, todinha fundamentada apenas em Iemanjá. Seria a "Religião da Rainha". Bem, se a ideia for boa, que criem, pois no futuro haverá tantas religiões quanto McDonald's.

E claro, quando a religião se tornar algo POP, Iemanjá se tornará a Rainha das Religiões, Rainha do Mar, Rainha dos Céus, Rainha da Terra e do Ar.

Quando o mundo for POP, nós nos lembraremos de que alguém um dia escreveu que Iemanjá é POP.

Revista Espiritual de Umbanda

ORIXÁS EM FORMAS HUMANIZADAS

As divindades maiores não têm forma humanizada, são mentais planetários, presentes em tudo e muito ligados à natureza. Sentimos sua presença nos pontos de força (matas, cachoeiras, mar, pedreiras, etc.). A maioria de nós não consegue entender uma presença sem forma, por isso a importância da humanização, na qual se costuma dar uma feição humana que mais se aproxime das qualidades da divindade. O que justifica uma forma humana negra e outra branca para Iemanjá. A forma humanizada irá transparecer as qualidades divinas do Trono, divindade ou Orixá.

Se é uma divindade do Amor, tem uma forma doce e amorosa; se uma divindade da Lei, forma imponente que imponha respeito; se uma divindade da Justiça, forma séria a cobrar débitos e lembrar dos créditos. Acompanham ainda as formas humanizadas das divindades elementos que identifiquem seu campo de atuação e natureza divina, onde vemos por exemplo uma espada para a Lei, um machado de lâminas iguais ou balança para a justiça, uma bengala para a evolução, uma flecha para a busca ou a caça. Há também simbologia dentro do próprio elemento da divindade em que a água é a geração da vida, o fogo é a justiça, o ar a ordem ou o verbo ordenador, a terra que tudo acolhe é a transmutação, etc.

Além das divindades maiores e menores, temos as entidades naturais que incorporam em seus médiuns, como Orixás individuais, entidades vindas de reinos da natureza ou, se preferir, dimensões regidas pelos Orixás maiores. Essas entidades manifestam as qualidades dos Orixás maiores como se fossem os próprios, com a diferença de que são muitas a habitar esses reinos naturais, regidos pelas divindades maiores. Esses seres naturais sempre assumem uma forma humanizada para melhor se fazer entender, e essas formas humanizadas têm uma relação com o universo mítico, simbólico e cultural no qual estão se manifestando.

SERES ELEMENTAIS, ENCANTADOS OU NATURAIS

Sei que é complicado conseguirmos fontes confiáveis de informação a respeito de assuntos como este proposto (elementais e encantados da natureza). Dentro da literatura kardecista me limito a fazer menção a uma obra de Chico Xavier, não pela quantidade de informação, mas pela autenticidade e valor incontestável da mediunidade desse verdadeiro "apóstolo" encarnado.

André Luiz, em suas obras psicografadas na mão de Chico Xavier, não perde oportunidades de citar o valor e as benesses adquiridas no contato com a natureza, como em *Os Mensageiros*, cap. 41 (entre árvores), por exemplo, e vai além no livro *Nosso Lar*, cap. 50, p. 279, em que temos este texto: *"Narcisa chamou alguém, com expressões que eu não podia compreender. Daí a momentos oito entidades espirituais atendiam-lhe ao apelo. Imensamente surpreendido, vi-a indagar da existência de mangueiras e eucaliptos. Devidamente informada pelos amigos, que me eram totalmente estranhos, a enfermeira explicou:*
– São servidores comuns do reino vegetal, os irmãos que nos atenderam..."

Olhando de fora, fica claro que André Luiz conhece e muito bem esse assunto, mas talvez para não criar polêmica ou até mesmo, simplesmente, por não ser prioridade no enfoque da doutrina kardecista, ele faz apenas essa pequena referência aos nossos irmãos que estagiam na natureza.

Existem ainda autores que vão além no assunto, ainda em uma abordagem kardecista, como é o caso de Rochester, que em seu livro *Narrativas Ocultas*, editado pela Editora Boa Nova, escreve: *"As ondinas, as libélulas e as almas das flores".*

Agora pulando toda aquela febre de duendes e gnomos, vamos à Umbanda, em que temos uma realidade imensuravelmente rica, com incorporações de entidades na qualidade de Orixás, que são seres naturais, que vêm especialmente para trazer o axé dos reinos da natureza e suas dimensões. Como por exemplo as Iemanjás, Oxuns, Nanãs, Ogins e outros, como as sereias e ondinas.

Quem nunca ouviu o canto da sereia em terreiros de Umbanda? Um canto que a todos encanta! São entidades naturais, não humanas, que estagiam nos reinos, domínios e dimensões de Iemanjás, o mesmo se dá com os naturais e encantados dos outros Orixás.

Agora o que nos resta é classificá-los e entendê-los dentro de nosso contexto, ou de um todo.

Na *Gênese Divina de Umbanda Sagrada*, livro psicografado por Rubens Saraceni, o espírito de Seiman Hamiser yê (um espírito integrado às hostes de Ogum Mêge) nos explica que nós também já fomos elementais e encantados da natureza, antes de nos tornarmos seres naturais humanos, diferentemente dos naturais dos reinos dos Orixás.

Dessa forma, existem seres elementais, encantados e naturais que vivem em reinos, dimensões e domínios dos Orixás. Quando se manifestam são como a presença dos Orixás entre nós. Os encantados são infantis como nossas crianças e os naturais são os Orixás que incorporam nas giras de Umbanda.

Somos então "seres essenciais", somos apenas um mental totalmente inconsciente, mas qualificados em uma das sete qualidades essenciais do Criador. Para nossa dimensão, seria como estar em um parto divino em que estamos sendo gerados para as dimensões onde habitam os filhos do Criador, passamos a absorver as energias afins com nosso padrão vibratório tornando-nos "seres elementais". A partir de nossa essência original se forma o primeiro elemento e, com o amadurecimento, passamos a absorver um segundo elemento, como que instintivamente. A partir da absorção do terceiro elemento começa a se formar um corpo já estruturado com centros de energia, que darão origem aos chacras em si, e é nesse estágio em que começamos a adquirir certa consciência, somos considerados "seres encantados", onde somos conduzidos por nossos sentidos, onde nossas faculdades relacionadas a tal sentido afloram e amadurecem, de tal forma que passam a expandir nossa capacidade mental.

Daí para a frente nos tornamos "seres naturais", podendo ou não entrar no ciclo encarnacionista, que serve para acelerar nossa evolução de volta ao Criador, onde voltaremos a deixar de ter um corpo (como nós o entendemos na matéria), até que nos tornaremos outra vez um mental ou "estrelas de Deus" e da criação, como no plano virginal, só que agora não mais inconscientes mas hiperconscientes, não precisando nada além da mente para tudo realizar.

É todo um universo a ser estudado, para quem quiser entender melhor existem passagens em alguns livros que relatam a experiência de algumas entidades, como os encantados.

No livro *Cavaleiro da Estrela da Guia,* Simas de Almoeda, o "Pagé Branco", entra em contato com encantados do fogo dentro da dimensão deles.

No *Guardião do Fogo Divino,* o personagem entra na dimensão de uma "Oxum do fogo" e tem o prazer divino de conhecê-la e ajudá-la na orientação dos encantados sob sua tutela.

No *Hash Meir,* ele entra em contato com encantadas do reino da mãe Iemanjá...

Bem, para completar, todos nós umbandistas também entramos em contato com os encantados e encantadas da natureza e naturais, pois damos passagem à sua incorporação durante nossos trabalhos, o que vem a engrandecer e ajudar mutuamente os dois lados.

Jornal de Umbanda Sagrada, nº 14 – 6/2002

OFERENDAS E PONTOS DE FORÇA DA NATUREZA

Nossos amados pais e mães Orixás são divindades que irradiam as qualidades de Olorum em tudo e em todos os lugares, com maior ou menor intensidade. Sobretudo nos locais da natureza é possível identificar sítios ou vórtices que são verdadeiros pontos de força dos Orixás, aos quais reconhecemos como templos naturais pertencentes a eles. Dessa forma, reinam os Orixás e seus manifestadores divinos, naturais e espirituais.

Por exemplo, nas cachoeiras é presente a irradiação mineral e o amor de nossa Mãe Oxum, onde se estabelece um portal para suas dimensões ou reinos ligados à natureza. Nessas dimensões vive uma população de seres elementais, encantados e naturais de Oxum, que se manifestam e estão presentes nas cachoeiras. São entidades naturais tais quais as oxuns que incorporam em seus médiuns.

O fato é que quando estamos carentes nesse sentido, do amor, precisando harmonizar com essa vibração, nos dirigimos à cachoeira de frente para a Mãe Oxum e fazemos religiosamente a nossa oferenda. No lado astral, somos recebidos com todo o amor que uma mãe pode ter para com seu filho, uma encantada "recolhe" nossa oferenda e recebe licença para ali atuar em nossa vida, visando ao nosso reequilíbrio. Dessa maneira, por meio de um mistério divino, recebemos as bênçãos da Mãe Maior Oxum. Da mesma forma nossa natural de Oxum e os guias que trabalham junto a nós ligados a Oxum encontram ali campo para trabalhar essa força em nossa vida e trabalhar esse sentido de nossas vidas.

Também podemos notar a presença de um Ogum e uma Iansã das cachoeiras como guardiões desse ponto de força, bem como os intermediários dos outros Orixás para com Oxum desempenhando suas tarefas junto a esse templo natural, como Oxóssi das Cachoeiras, Obaluaiê das Cachoeiras, Egunitá das Cachoeiras, etc. Quando o umbandista vai à cachoeira ao encontro do sagrado que ali habita, encontra a amada Mãe Oxum e todos os outros seres que trabalham ligados à sua vibração.

Muitas vezes, orientados por nossos guias, nos dirigimos a tais pontos de força, para que eles absorvam essas energias em nosso campo mediúnico com objetivo de utilizar essa energia posteriormente nos trabalhos de Umbanda.

São muitos os recursos utilizados por nossos guias e muitas as formas de trabalhar na natureza. Por exemplo, se tenho um Ogum Megê como Orixá individual a me amparar, posso oferendá-lo no cemitério já que Ogum Megê e Iansã de Bale também são guardiões do campo-santo; se trabalho com um Xangô do Amor posso oferendá-lo na cachoeira, um Ogum das Rompe Mato pode ser oferendado nas matas, um Obaluaiê da Fé pode ser oferendado em um mirante e assim por diante. O importante é confiar em seus guias e aprender como se relacionar com eles na natureza de forma simples e direta.

Jornal de Umbanda Sagrada, nº 6 – 10/2000

CHACRAS E ORIXÁS

Conhecidos e estudados há milênios, receberam esse nome por seu formato circular (chacra, do sânscrito, quer dizer roda). É por meio dos chacras que nosso corpo energético absorve e irradia prana (energia, princípio vital, axé, ki), que é desagregado e partido em micropartículas energéticas, que nada mais são que os fatores formadores da energia divina. Esse processo funciona de forma análoga ao aparelho digestivo, no qual a energia "bruta" é absorvida pelos chacras que em primeira instância já funcionam como filtros, cada um absorve o que lhe é peculiar, desde que esteja funcionando normalmente, em harmonia.

Nosso corpo de matéria rarefeita (corpo espiritual, psicossoma, duplo etérico ou perispírito) é regido por sete chacras, localizados nas ramificações dos plexos nervosos e glândulas correspondentes. Vibrando em sintonia uns com os outros, sob o poder direcionador da mente, estabelecem, para nosso uso, um campo eletromagnético, no qual o pensamento move energias em circuito fechado. É fundamental estudar e conhecer os chacras, diretamente ligados a nossas emoções, as energias que absorvemos e nosso padrão mental. Temos sete corpos etéricos, que lembram as camadas de uma cebola (no entanto, um não acaba onde o outro termina), cada um desses corpos ou camadas tem maior afinidade com um dos sete chacras principais, que lhes dão sustentação.

Nossa posição mental determina o "peso" (densidade) do "corpo espiritual", simples questão vibratória. Cada um respira em certo tipo de onda/vibração. Tal seja a viciação do pensamento em um sentido da vida, tal será a desarmonia no chacra correspondente, comprometendo a vibração pessoal e as trocas de energia que quando em equilíbrio acontecem tão naturalmente.

Coronário: logo acima de nosso "Ori" (posição vertical, se projeta para cima), como que uma coroa junto da glândula pineal, regido pelo SENTIDO DA FÉ, é congregador, recebe em primeiro lugar os estímulos do espírito, comandando os demais e vibrando com eles em regime de justa interdependência. É onde se assenta a ligação com a mente, sede da consciência. A esse chacra é que se chama "Coroa do Médium".

Frontal: contíguo ao coronário, fica entre as sobrancelhas (posição horizontal, se projeta para a frente e para trás), glândula pituitária, regido pelo SENTIDO DO CONHECIMENTO, é expansor, ordena as percepções de variada espécie, entre elas visão, audição, o tato e a vasta rede de processos da inteligência que dizem respeito à palavra, à cultura, à arte e ao saber. Aí reside o comando de nossos poderes psíquicos.

Laríngeo: na altura da garganta (posição horizontal, se projeta para a frente e para trás), glândula tireoide, regido pelo SENTIDO DA LEI, é ordenador, ligado ao poder da palavra e vontade divina, tem muito a ver com a colocação do ser na sociedade.

Cardíaco: altura do coração (posição horizontal, se projeta para a frente e para trás), regido pelo SENTIDO DO AMOR, é agregador, ligado aos sentimentos e sistema circulatório.

Umbilical: um pouco abaixo do umbigo (posição horizontal, se projeta para a frente e para trás), regido pelo SENTIDO DA JUSTIÇA, é equilibrador e trabalha com a reflexão no ser.

Esplênico: altura do baço, nas gônadas (posição horizontal, se projeta para a frente e para trás), regido pelo SENTIDO DE EVOLUÇÃO, é transmutador, regula a distribuição e a circulação adequada dos recursos vitais.

Básico: se localiza logo abaixo do santuário do sexo (posição vertical, se projeta para baixo), regido pelo SENTIDO DE CRIAÇÃO, é gerador, templo moderador de formas, estímulos e muito ligado às sensações físicas.

Assim, vemos que cada um desses chacras tem uma afinidade maior com uma das sete vibrações originais e uma das Sete Linhas de Umbanda, mas nenhum pertence exclusivamente a um só Orixá, no entanto, é possível identificar a qual vibração cada um pertence:

1º chacra coronário – relacionado à linha da Fé (cristalina) Oxalá e Logunan (Oiá-Tempo)

2º chacra frontal – relacionado à linha do Conhecimento (vegetal) Oxóssi e Obá

3º chacra laríngeo – relacionado à linha ordenadora (eólica) Ogum e Iansã

4º chacra cardíaco – relacionado à linha do Amor (mineral) Oxum e Oxumaré

5º chacra esplênico – relacionado à linha da evolução (telúrica) Obaluaiê e Nanã Buroquê

6º chacra umbilical – relacionado à linha do equilíbrio (ígnea) Xangô e Egunitá

7º chacra básico – relacionado à linha da geração (aquática) Iemanjá e Omolu

Esses são os sete chacras maiores e sua vibração natural, em cada encarnação eles assumem padrões diferentes de energia, pois encarnamos para aprender e vivenciar novas experiências.

Dessa forma, em cada encarnação surge toda uma combinação de Orixás em relação aos chacras, de maneira que essa combinação crie uma situação propícia a ajudar na evolução do ser. Assim, vemos os chacras que já têm um padrão vibratório próprio, como mostrado anteriormente, sobrepostos pela energia do Orixá que se faz presente em cada um deles, onde: o primeiro e último chacra se abrem em posição vertical, os outros cinco são horizontais e bipolares, se abrem para a frente e para trás.

"E nenhum desses chacras pertence exclusivamente a um só Orixá, mas sim, dependendo do Orixá que fatorou e rege a ancestralidade da pessoa, aí esse é o regente do Ori, da cabeça do médium e do chacra coronal. E nesse mesmo chacra os outros Orixás estarão presentes como qualidades secundárias, pois a principal sempre será a do Orixá que o fatorou."

Assim, temos como Orixá principal no chacra coronal a flor de lótus, nosso Orixá ancestral (junto do recessivo, forma o casal de Orixás Ancestrais, que são os únicos que não mudam sua posição de encarnação para encarnação), como Orixá principal na abertura de frente do frontal temos nosso Orixá de frente, como principal na abertura de trás do frontal fica nosso Orixá de juntó (adjunto ou ajuntó).

Em volta da irradiação do Orixá principal temos outras seis, que no Ori dá formação ao que vemos como a "coroa do médium", a força que o rege na cabeça. O Orixá ancestral traz a natureza mais íntima do médium, o Orixá de frente direciona o campo de conhecimentos, os quais devemos absorver na encarnação (amor, fé, justiça, ordem...) e que estarão mais em evidência no comportamento e arquétipo do filho (é o Orixá que se mostra em primeiro lugar como "pai de cabeça" do médium), o Orixá de juntó aparece como equilibrador do emocional e com todos os outros forma toda uma configuração propícia para a encarnação, lembrando uma "carta astral" onde os planetas mostram os caminhos e dons adquiridos, e os campos a serem trabalhados.

Obs.: Caso siga o sistema de chacras hindu, basta entender que o esplênico corresponde ao chacra solar e que o sexual funciona como um chacra à parte, relacionado aos mistérios de Exu e Pombagira, o que daria uma relação de sete chacras mais um que traz a força do que chamamos de esquerda na Umbanda. E dessa forma esperamos que fique claro não existir nenhum conflito entre sistema ocidental e oriental de chacras ao estudá-los na Umbanda.

MARIA NA UMBANDA: ENTRE SANTOS E ORIXÁS

1. Introdução

Maria, mãe de Jesus, vai muito além do Catolicismo e do Cristianismo, vemos sua presença em grandes religiões como o Islã, onde ela assume o papel de mãe do profeta Jesus, no entanto é possível encontrar Maria nos cultos ou religiões sincréticas das Américas. O colonizador europeu trouxe o africano como escravo e ambos se instalaram nessa terra do índio. Logo as culturas do branco, do negro e do vermelho se encontraram de forma particularizada em diferentes regiões deste continente. E assim chegou Maria ao Brasil, onde foi acolhida também pela religiosidade popular, associada e comparada com divindades e entidades do mundo mítico afro-indígena. Nesse contexto está, também, a Umbanda, nascida da miscigenação tão brasileira, em seu jeito de ser, fruto de mitos, ritos e símbolos os mais variados.

2. Objetivo

O objetivo deste estudo é ressaltar alguns pontos da presença de Maria na Umbanda. Verificamos um sincretismo dinâmico. "Maria Virgem" se identifica com Oxum e "Maria Mãe" se identifica com Iemanjá, em que a relação santo/Orixá varia segundo diferentes pontos de vista. Para além de um altar essencialmente católico, podemos observar Maria em outros aspectos da liturgia, como a Festa de Iemanjá e a identificação dos templos com nomes de santos.

Hoje a Umbanda passa por uma mudança de paradigma no que diz respeito à sua literatura; escrita de "umbandista para umbandista", surge uma literatura psicografada de Umbanda e novas abordagens sobre a relação de Maria na Umbanda. Sendo uma religião muito aberta e inclusiva, acolhe diferentes e novas formas de entender a presença de Maria. Vamos aqui apenas esboçar alguns aspectos, conscientes da complexidade da Umbanda e dos diferentes ângulos que as ciências da religião nos oferecem para aprofundar a questão.

3. Maria na História da Umbanda

O primeiro templo de Umbanda de que se tem notícia traz o nome de "Tenda Espírita Nossa Senhora da Piedade", quem nos conta a história de sua fundação é o sacerdote de Umbanda Ronaldo Linares, presidente da Federação Umbandista do Grande ABC (FUGABC), criador do primeiro curso de formação de sacerdotes de Umbanda.[7]

No dia 15 de novembro de 1908, Zélio Fernandino de Moraes, um jovem rapaz de 17 anos, incorporou o espírito de frei Gabriel de Malagrida, queimado na Inquisição.[8] O espírito do frei revelou que, em uma vida posterior, nasceu como índio no Brasil, preferindo ser identificado, agora, como "Caboclo das Sete Encruzilhadas", e que vinha para trazer a religião de Umbanda. Sua "igreja" se chamaria Nossa Senhora da Piedade, pois assim como Maria acolheu Jesus, a Umbanda acolheria os filhos seus.

---

7. Linares, Trindade e Veneziani (2007).

8. É o próprio espírito de Gabriel de Malagrida, nessa mesma ocasião (Linares, Trindade e Veneziani, *op. cit.*, p. 22), quem esclarece: "acusado de bruxaria, fui sacrificado na fogueira da Inquisição por haver previsto o terremoto que destruiu Lisboa, em 1775". No dia posterior na residência do jovem Zélio de Moraes, Gabriel de Malagrida, agora identificado como Caboclo das Sete Encruzilhadas, também teria previsto as duas guerras mundiais, as bombas atômicas de Hiroshima e Nagasaki e a grande degeneração da moral.

Zélio vinha de uma família de origem católica e no seio desse lar tiveram início as sessões mediúnicas de Umbanda, onde já havia um pequeno altar católico. Com o tempo, o espírito de um "preto-velho", escravo de origem africana, "Pai Antônio", traria o conhecimento dos Orixás africanos associados aos santos católicos. Nascia o sincretismo de Umbanda, Maria já estava presente e enraizada nos valores religiosos e espirituais dessa família.

No decorrer dos tempos surgiriam milhares e milhares de Templos de Umbanda, identificados como "tendas", "centros", "casa" ou "terreiros" de Umbanda, nos quais, a exemplo da primeira "Tenda de Umbanda", estariam presentes as "Marias", identificando esses templos como: "Tenda Nossa Senhora da Conceição", "Tenda Nossa Senhora da Guia", "Nossa Senhora de Sant'Ana", "Nossa Senhora dos Navegantes" e outras como "Estrela D'Alva", "Tenda Nossa Senhora Aparecida", "Casa de Maria", etc.[9]

4. Maria no Altar de Umbanda

Oxum representa o amor, a pureza, a beleza, inocência e concepção, enquanto Iemanjá representa a mãe universal, mãe dos Orixás, aquela que mantém e gera a vida. Ambas se manifestam na água, Oxum nas cachoeiras e Iemanjá no mar.[10]

O sincretismo de Maria com os Orixás se faz notar principalmente no altar de Umbanda, que é um altar composto por imagens católicas. Encontraremos a imagem de Nossa Senhora da Conceição ou de Nossa Senhora Aparecida, fazendo sincretismo com Oxum. Iemanjá é o único Orixá que tem uma imagem própria, umbandista, não católica, assim mesmo encontramos sincretismo com Nossa Senhora dos Navegantes ou Nossa Senhora das Graças.

5. Um Olhar Sociológico

Cândido Procópio Ferreira de Camargo, no final da década de 1950, dedicou parte de seu tempo ao estudo das "religiões mediúnicas" e registrou no livro *Kardecismo e Umbanda: uma Interpretação*

---

9. O próprio Zélio de Moraes fundou sete "Tendas de Umbanda" com nomes de santos católicos (Linares, Trindade e Veneziani, *op. cit.*, p. 77).

10. Saraceni (2008).

Sociológica o resultado de sua pesquisa de campo, onde descreve um terreiro de Umbanda:

"No 'terreiro' propriamente dito, barracão com cerca de 50 metros quadrados, há um altar, semelhante aos católicos. O 'Orixá' guia do 'terreiro' assume lugar de destaque, sob a figura do santo católico correspondente. São Jorge, Nossa Senhora, São Cosme e São Damião são os santos mais comuns que integram o altar, além do Cristo abençoando, de braços abertos."[11]

Procópio Ferreira dedica especial atenção ao sentimento de pertença daquele que busca as "religiões mediúnicas", observando que boa parte dos frequentadores considera-se católica.

Embora já tenha decorrido meio século e a Umbanda venha mudando de perfil, na busca de identidade, ainda nos dias de hoje observamos esse fato em menor grau. Para evitar preconceito da sociedade ou desinformação, alguns dos adeptos da Umbanda identificam-se de pertença espírita, não fazendo distinção entre sua prática e a criada por Allan Kardec.

Ao adentrar um terreiro de Umbanda pela primeira vez, muitos o fazem com certo receio do desconhecido, mas se deparando com um altar católico sentem-se confortados e tranquilos. Jesus de braços abertos e Maria a seu lado, junto com todos os outros santos, continuariam a guiar sua fé, agora ao lado da tão popular Iemanjá.

O sincretismo, nesse caso, serve de amparo para que o desconhecido se apresente por meio de elementos já conhecidos. O católico se sente à vontade para justificar sua pertença, assim como fica clara a importância do altar para a recepção e a conversão do novo adepto.

6. Festa de Iemanjá

Na década de 1950 foi criada uma imagem brasileira para Iemanjá, de pele branca, cabelos negros, vestida de azul, pairando sobre o mar, seu vestido se funde às ondas e derrama pérolas pelas mãos. Essa é uma imagem umbandista e embora todos aceitem Maria como Iemanjá e Oxum, quase não se usa uma imagem católica para Iemanjá, pois ela tem o privilégio de ter imagem própria.

---
11. Camargo, (1961, p. 44).

Na Umbanda paulista, desde 1969, realiza-se anualmente a Festa de Iemanjá, na Praia Grande, onde está a tradicional imagem de Iemanjá, em Cidade Ocian.[12]

Recentemente, o município de Mongaguá recebeu uma grande imagem de Iemanjá doada pela FUGABC. A Rainha do Mar reina sozinha nessas duas praias do litoral sul paulista, sendo dia 8 de dezembro, dia de Nossa Senhora da Conceição, a Festa de Iemanjá. Já as comemorações de Oxum ficaram para o dia de Nossa Senhora Aparecida e todo o resto do calendário umbandista é orientado por datas católicas, correspondentes aos santos e Orixás.

7. Quatro Olhares para o Sincretismo Afro-católico na Umbanda

O olhar para o sincretismo assume diferentes aspectos dentro da Umbanda, por causa da liberdade de interpretações que existe dentro dela mesma. O umbandista tem diferentes formas de se relacionar com Maria, que resultam em olhares diferentes para o sincretismo. Coloco aqui quatro olhares distintos:

O primeiro olhar é um "olhar católico", de desinformação sobre a cultura afro. O recém-convertido ou o adepto, ao ser questionado, por exemplo, sobre quem é o Orixá Oxum ou Iemanjá, responde simplesmente que é Maria, Mãe de Jesus. Não há um interesse pela cultura e a presença da divindade africana.

O segundo olhar é um "olhar afro" de desinteresse pelo santo católico, a presença do mesmo é apenas figurativa para representar o Orixá, divindade que não possui uma imagem feita de gesso para ir ao altar, com exceção de Iemanjá. Assim, Nossa Senhora da Conceição ou Nossa Senhora das Graças está no altar apenas como uma referência simbólica para se alcançar e louvar quem realmente está lá, Orixá Oxum.

O terceiro olhar é um "olhar de fusão" pelo qual Maria, Oxum e Iemanjá se fundem, não há mais uma e outra, Maria é Oxum e também Iemanjá. As lendas e os mitos se confundem e se apresentam nos cantos, neles vemos "Maria, a mãe dos Orixás", "Maria, filha de Nanã Buroquê, a avó dos Orixás" ou "Iemanjá, mãe de todos os santos".

---

12. Saraceni e Xaman, (2003).

Inclusive o conceito de santo e Orixá se confunde. O adepto se expressa dizendo "meu santo de cabeça é Oxum", para esclarecer que esse Orixá é o "dono de sua cabeça", seu regente ou padrinho.

Há ainda um quarto olhar, que é o "olhar de convivência". É um olhar que reconhece a afinidade entre os santos e Orixás, Nossa Senhora da Conceição tem sincretismo com Oxum porque ambas têm as mesmas qualidades. Santo e Orixá convivem juntos em harmonia, a qualidade e presença de um não diminui o outro. Existem clareza e esclarecimento sobre a origem e cultura que envolvem santo e Orixá. Oxum não é Maria, mas ambas têm as mesmas qualidades e convivem juntas e em harmonia. Sozinhas elas já ajudam, juntas ajudam muito mais.

8. Uma Nova Experiência de Maria na Umbanda

Já comentamos, linhas atrás, que a religião de Umbanda vem mudando de perfil, buscando sua identidade e, por que não, até mudando alguns paradigmas. Até alguns anos a literatura chamada de "psicografada" ou "escrita mediúnica", pela qual os espíritos dão sua mensagem escrita, eram de característica do Espiritismo "kardecista". Nos últimos anos vem se observando uma literatura "psicografada de Umbanda", ou seja, livros de Umbanda escritos de forma mediúnica.

Essa mudança de paradigma deve-se a um autor umbandista, Rubens Saraceni, que já publicou mais de 50 títulos nos últimos 13 anos, o que vem incentivando outros umbandistas a realizarem a mesma experiência.

Autor, psicógrafo, médium e sacerdote de Umbanda, Rubens Saraceni criou o primeiro curso livre de "Teologia de Umbanda",[13] para estudar de forma teórica e teológica as questões pertinentes à Umbanda, vista de dentro. Na "Teologia de Umbanda" se reconhece que Deus é Um com muitos nomes diferentes, como Alá, Zambi, Tupã, Olorum, El, Adonai, Jah, Javé, Aton, Brahman, Ahura Mazda,[14] entre outros. Da mesma forma os diversos "Tronos de Deus", "divindades" ou deuses se manifestam em várias culturas, "à moda" de cada uma delas. Assim o "Trono Feminino do Amor" ou "divindade feminina do Amor" é

---

13. Saraceni, (2005).

14. Cumino, (2008).

conhecida como Oxum, Ísis, Lakshimi, Afrodite, Vênus, Hebe, Kwan Yin, Freyja, Blodeuwedd, entre outros nomes, sendo a mesma manifestada sob diferentes formas. Maria personifica esse trono na cultura católica, portanto seu sincretismo com Oxum torna-se natural, legítimo e justificado. Maria tem as qualidades do "Trono Feminino do Amor" e do "Trono Feminino da Geração", como Iemanjá, Tétis, Hera, Parvati, Danu, Frigga e outras. Todas as divindades convivem juntas e se expressam de muitas formas, lembrando a ideia das "Máscaras de Deus".

9. Conclusão

Podemos ainda lembrar que Maria ocupa o posto que antes pertencia às "deusas pagãs". O Catolicismo fez sincretismo de culturas e valores, durante sua expansão por territórios desconhecidos ao Cristianismo. Podemos dizer que a Deusa também está no inconsciente coletivo que busca elementos conhecidos para concretizar-se em uma realidade palpável.

Por fim, podemos dizer que onde houver duas ou mais culturas haverá sempre o sincretismo, que marca o encontro entre elas. Maria faz parte de uma cultura que dominou todo o Ocidente e boa parte do Oriente. No mundo pós-moderno e globalizado, cada vez mais encontraremos sincretismos e associações a Maria.

Independentemente de como possa ser interpretada, concluímos que Maria faz parte da religião de Umbanda e se manifesta de formas diferentes dentro dessa mesma religião.

*Alexândre Cumino é presidente do Colégio de Umbanda Sagrada Pena Branca, diretor da Associação Umbandista e Espiritualista do Estado de São Paulo, sacerdote de Umbanda, ministrante dos cursos livres de "Teologia de Umbanda Sagrada" e "Sacerdócio de Umbanda Sagrada", editor do *Jornal de Umbanda Sagrada* e formado em Ciências da Religião na Faculdade Claretiano.

Bibliografia:

BASTIDE, Roger. *As Religiões Africanas no Brasil.* São Paulo: Editora da Universidade de São Paulo e Editora Livraria Pioneira, 1971.

CAMARGO, Candido Procópio Ferreira de. *Kardecismo e Umbanda: Uma Interpretação Sociológica*. São Paulo: Editora Livraria Pioneira, 1961.

CUMINO, Alexândre. *Deus, Deuses, Divindades e Anjos*. São Paulo: Madras Editora, 2008.

LINARES, Ronaldo; TRINDADE, Diamantino; VENEZIANI, Wagner. *Iniciação à Umbanda*. São Paulo: Madras, 2007.

SARACENI, Rubens. *Orixás: Teogonia de Umbanda*. São Paulo: Madras, 2005.

SARACENI, Rubens. *Doutrina e Teologia de Umbanda*. São Paulo: Madras, 2003.

SARACENI, Rubens; XAMAN, Mestre. *Os Decanos: Os Fundadores, Mestres e Pioneiros da Umbanda*. São Paulo: Madras, 2003.

TEXTOS ANEXOS

ANEXO I

As Sete Linhas de Umbanda de Lourenço Braga

Em virtude do grande ineditismo de Lourenço Braga ao apresentar Linha do Oriente e sete Legiões para cada Linha, eu, Alexândre Cumino, decidi fazer este anexo com uma apresentação mais detalhada de suas Sete Linhas:

Em seu primeiro livro, *Umbanda e Quimbanda,* também apresenta o autor as Sete Linhas da Quimbanda:
Linha das Almas
Linha dos Caveiras
Linha de Nagô
Linha de Malei
Linha de Mossurubi
Linha dos Caboclos Quimbandeiros
Linha Mista

Em 1955, o mesmo Lourenço Braga publica *Umbanda e Quimbanda* – volume 2, onde ele mesmo admite que: "venho agora, embora contraditando alguma coisa do que eu já havia escrito, levantar a ponta do véu mais um pouco", completando na outra página: "Os brasileiros crentes de UMBANDA, em virtude da mentalidade implantada pelo Catolicismo, procuraram dar aos Orixás, chefes das sete linhas, nomes de entidades cultuadas na religião católica"... "A verdade, porém, é que os Orixás SUPREMOS, chefes dessas linhas, em correspondência com os planetas e as cores, são os sete arcanjos, os quais mantêm entidades evoluídas chefiando essas linhas, obedientes às suas ordens diretas, as quais nada têm a ver com os santos do Catolicismo..."

Ficando assim:
Linha de Oxalá ou das Almas – Jesus – Júpiter – Roxo
Linha de Iemanjá ou das Águas – Gabriel – Vênus – Azul
Linha do Oriente ou da Sabedoria – Rafael – Urano – Rosa
Linha de Oxoce ou dos Vegetais – Zadiel – Mercúrio – Verde
Linha de Xangô ou dos Minerais – Orifiel – Saturno – Amarelo
Linha de Ogum ou das Demandas – Samael – Marte – Vermelho
Linha dos Mistérios ou Encantamentos – Anael – Netuno – Laranja

A novidade na obra de Lourenço Braga é apresentar sete subdivisões para cada uma das Sete Linhas de Umbanda (veja de forma detalhada neste anexo).

O autor Lourenço Braga, 1941, é o primeiro autor umbandista a identificar, além das Sete Linhas, também as "Legiões" ou subdivisões de cada uma das Sete Linhas. Embora Leal de Souza, 1933, já tivesse comentado que as linhas tinham subdivisões, não as identificava. Leal de Souza também citava entidades orientais, mas não identificava como "Linha do Oriente", o que será um diferencial na forma de interpretar as Sete Linhas, na visão de Lourenço Braga, como segue:

Título: *Umbanda e Quimbanda* – 1942
Na página 9 deste livro, encontramos:
Capítulo I
DIVISÃO DO ESPIRITISMO

"Devemos dividir o Espiritismo, como ele é, na verdade, em três partes, a saber:

Lei de Kardec:
– Espiritismo doutrinário, filosófico e científico.
Lei de Umbanda:
– Espiritismo – Magia Branca.
Lei de Quimbanda:
Espiritismo – Magia Negra."

Faz ainda uma observação em:

A LINHA DE SANTO OU DE OXALÁ
A linha de Santo ou de Oxalá é constituída por espíritos de várias raças terrenas, entre eles os pretos de Minas, pretos da Bahia, padres, frades, freiras e espíritos que, quando na Terra, tiveram grande sentimento católico.

Os chefes das Legiões e das grandes falanges são espíritos conhecidos no Catolicismo com o nome de santos, tais como sejam:

1. Legião de Santo Antônio
2. Legião de São Cosme e São Damião
3. Legião de Santa Rita
4. Legião de Santa Catarina
5. Legião de Santo Expedito
6. Legião de São Benedito
7. Legião de Simirômba (Frade) São Francisco de Assis

As falanges grandes e pequenas de espíritos dessa Linha infiltram-se entre as Linhas da Lei de Quimbanda com o propósito de diminuir a intensidade do mal por eles praticado e habilmente arrastá-los para a prática do bem e, por esse motivo, verificamos muitas vezes, nos trabalhos de magia branca, aparecerem elementos ou falanges da magia negra e vice-versa.

A LINHA DE IEMANJÁ
A Linha de Iemanjá chefiada por Santa Maria, mãe de Jesus Cristo, é constituída da seguinte forma:

1. Legião das Sereias – Chefe Axún ou Oxún
2. Legião das Ondinas – Chefe Naná ou Nana Burucú
3. Legião das Caboclas do Mar – Chefe Indaiá
4. Legião das Caboclas dos Rios – Chefe Iara
5. Legião dos Marinheiros – Chefe Tarimá
6. Legião dos Calunguinhas – Chefe Calunguinha
7. Legião da Estrela Guia – Chefe Maria Madalena

A missão dessas falanges é proteger os marinheiros, fazer as lavagens fluídificas dos diferentes ambientes, encaminhar no espaço os irmãos que desejarem progredir, amparar na Terra, em geral, as criaturas do sexo feminino, desmanchar os trabalhos da magia negra feitos no mar ou nos rios e fazer trabalhos para o bem, em prol daqueles que de tal necessitarem.

A LINHA DO ORIENTE

A Linha do Oriente, que é chefiada por São João Batista, é constituída pelas seguintes Legiões:

1. Legião dos Indús – Chefiada por Zartú
2. Legião de Médicos e Cientistas – Chefiada por José de Arimateia e bafejada pelo Arcanjo Rafael
3. Legião de Árabes e Marroquinos – Chefiada por Jimbaruê
4. Legião de Japoneses, Chineses – Chefiada por Ori do Oriente
5. Legião dos Egipcianos, Astecas, Mongóis e Esquimós, Incas e outras raças antigas – Chefiada por Inhoarairi, Imperador Inca antes de Cristo
6. Legião dos Índios Caraíbas – Chefiada por Itaraiaci
7. Legião dos Gauleses, Romanos e outras raças europeias – Chefiada por Marcus I – imperador romano.

São falanges de caridade; são incumbidas de desvendar aos habitantes da Terra coisas para eles desconhecidas; são os grandes mestres do ocultismo (Esoterismo – Cartomancia – Quiromancia – Astrologia – Numerologia – Grafologia – etc.) – Magia Mental e Alta Magia.

A LINHA DE OXÓCE

A Linha de Oxóce, chefiada por São Sebastião, é constituída por legiões de espíritos com a forma de caboclos, e assim temos:

1. Legião de Urubatão
2. Legião de Arariboia
3. Legião do Caboclo das Sete Encruzilhadas
4. Legião dos Peles Vermelhas – Águia Branca
5. Legião dos Tamoios – Grajaúna
6. Legião da Cabocla Jurema
7. Legião dos Guaranis – Araúna.

São falanges de caridade, doutrinam os irmãos sofredores, desmancham trabalhos de magia negra, fazem curas, aplicam a medicina ervanária, dão passes, etc.

A LINHA DE XANGÔ

A Linha de Xangô, São Jerônimo, por ele mesmo chefiada, é a Linha da Justiça. Essa Linha é composta das seguintes Legiões:

1. Legião de Inhasã
2. Legião do Caboclo do Sol e da Lua
3. Legião do Caboclo da Pedra Branca
4. Legião do Caboclo do Vento
5. Legião do Caboclo das Cachoeiras
6. Legião do Caboclo Treme-Terra
7. Legião dos Pretos – Quenguelê.

É o povo da caridade e da justiça, dá a quem merece, pune com justiça, ampara os humildes, eleva os humilhados, desmancha trabalhos fortes de Magia Negra, etc.

LINHA DE OGUM

A Linha de Ogum, São Jorge, é dividida em sete Legiões, cujos chefes têm o nome de Ogum, seguido de um sobrenome especial; assim, temos:

1. Ogum Beira-Mar
2. Ogum Rompe-Mato
3. Ogum Iara
4. Ogum Megê
5. Ogum Naruê
6. Ogum de Malei
7. Ogum de Nagô

Essa é a Linha dos grandes trabalhos de demanda, exerce grande predomínio sobre os quimbandeiros e age em vários setores, conforme o nome deles indica. Ogum Beira-Mar nas praias; Ogum Iara nos Rios; Ogum Rompe-Mato nas matas; Ogum Megê, sobre a Linha das Almas; Ogum de Malei, sobre a Linha de Malei – povo de Erú (Exu?); Ogum de Nagô, sobre a Linha de Nagô – povo de Ganga.

LINHA AFRICANA OU DE SÃO CIPRIANO

Linha Africana da Lei de Umbanda é composta de espíritos de pretos de várias raças, como sejam:

1. Legião do Povo da Costa – Pai Cabida (Cabinda?)
2. Legião do Povo do Congo – Rei do Congo
3. Legião do Povo de Angola – Pai José
4. Legião do Povo de Benguela – Pai Benguela
5. Legião de Moçambique – Pai Jerônimo
6. Legião do Povo de Loanda – Pai Francisco
7. Legião do Povo de Guiné – Zun-Guiné

São os grandes feiticeiros de Umbanda, fazem importantes trabalhos de magia, usando todos os rituais, porém com o fito de fazer o bem. Os componentes dessa falange infiltram-se com grande facilidade entre os quimbandeiros, causando muitas vezes confusão aos filhos da Terra.

Os espíritos desta Linha gostam muito de conversar com os filhos da Terra e, nessas ocasiões, costumam dizer, Umbanda tem fundamento e fundamento de Umbanda tem Mironga.

Neste mesmo livro, *Umbanda e Quimbanda*, Lourenço Braga define a "LEI DE QUIMBANDA E SUAS SETE LINHAS".

O próprio Lourenço Braga fez alterações em suas Sete Linhas ao longo do tempo, ao que podemos concluir que nem Lourenço Braga concorda com Lourenço Braga, quando comparamos *Umbanda e Quimbanda*, volume 1, com o volume 2. A seguir, algumas novidades que aparecem no volume 2:

"O Sol exerce influência sobre os sete planetas e a lua recebe influência dos sete planetas."

Cita ainda o autor que: "A Linha de Oxalá ou das Almas, chefiada indiretamente por São Miguel e diretamente por Jesus, possui sete Legiões chefiadas por um anjo (Lilazio)", onde surgem sete anjos identificados por cores, atuando junto dos chefes de cada linha, a saber:

1. Jesus – Anjo Lilazio – Luz roxo-claro brilhante
2. Gabriel – Anjo Luzanil – Luz azul-claro brilhante
3. Rafael – Anjo Rosânio – Luz rosa-claro brilhante

4. Zadiel – Anjo Ismera – Luz verde-claro brilhante
5. Orifiel – Anjo Auridio – Luz ouro-claro brilhante
6. Samael – Anjo Rubrion – Luz vermelho-claro brilhante
7. Anael – Anjo Ilirium – Luz branca brilhante

Agora a Linha de Oxalá se subdivide em sete Legiões de anjos,[15] conforme abaixo está:

1. Legião do Anjo Efrohim – na Ásia
2. Legião do Anjo Eleusim – na Índia
3. Legião do Anjo Ibrahim – na África
4. Legião do Anjo Ezekiel – na Europa
5. Legião do Anjo Ismaiel – no Brasil
6. Legião do Anjo Zumalah – na Quimbanda

Ao expor esse estudo, histórico e literário, dos conceitos apresentados por autores umbandistas, sobre as "Sete Linhas de Umbanda", tenho como objetivo, única e exclusivamente, oferecer material para o estudo e/ou observação do que já se falou sobre o assunto.

Por meio desse estudo podemos comprovar as diferentes formas em que a Umbanda vem sendo apresentada desde sua origem, os livros das décadas de 1940 e 1950 são pouco acessíveis, pois saíram quase todos de circulação, no entanto encontramos entre os autores dessa época pessoas que se dedicaram e muito na intenção de entender e abordar os conceitos teológicos, doutrinários e ritualísticos da religião de Umbanda.

Não tenho como objetivo apontar esse ou aquele autor em graus de acerto ou erro, mas apenas mostrar o que alguns autores pensaram sobre as Sete Linhas da Umbanda.

Aos que tiveram a paciência de ler até aqui, agradeço e parabenizo pelo interesse em entender um pouco mais sobre a religião de Umbanda.

Alexândre Cumino

---

15. No livro original de Lourenço Braga, constam apenas seis Legiões.

ANEXO II

Gênese e Sincretismo nas Religiões

No Livro *A Vida Oculta e Mística de Jesus*, de A. Leterre (Madras Editora – 2004), encontramos logo no início, em sua "Introdução" e "Explanação", textos que demonstram essas "igualdades" e "coincidências" entre as religiões, mostrando alguns elementos que foram claramente apropriados. O que choca é que muito raramente uma dá o braço a torcer de que tal valor foi "importado" de outra cultura ou culto religioso, já que a prática comum entre religiões é diminuir a outra e, quando não, até chegam ao ponto de "demonizá-la", fazendo com que seus fiéis creiam que as divindades alheias são "demônios".

Vejamos algumas passagens da "Introdução" e "Explanação" dessa obra ímpar para o estudo das religiões:

Gênese das Religiões

Admitimos por um momento que nosso benévolo leitor, seja ele de que culto ou crença for, tivesse de fazer, como missionário, uma grande excursão pelos sertões de Mato Grosso.

Chegado a um ponto das ínvias selvas, depara-se com uma tribo de selvagens ocupada em render preito e homenagem a uma entidade abstrata, que ela reconhece como superior e como criadora de tudo quanto a cerca.

Essa entidade, ou anteriormente esse Deus, é representada por um boneco de barro exoticamente fabricado ou por um tronco de árvore cercado por enormes fogueiras, como as piras dos antigos templos, em volta das quais os silvícolas executam uma frenética dança ao som de flautas de bambu, acompanhada de estridentes berros à guisa de hinos maviosos.

Que fará nosso missionário?

Certamente procurará, com tempo e jeito, convencê-los de que laboram em erro e de que o verdadeiro Deus é aquele que ele mesmo adora, seja Jeová, Alá, Buda ou o Cristo do Calvário.

É possível que, convencidos de que o estúpido boneco nada represente, eles passem a adotar o símbolo de nosso incansável missionário.

Admitamos, porém, que outros missionários, de credos diferentes, venham também a passar por ali, sucessivamente, com intervalos assaz suficientes para dar tempo a que a nova crença se enraíze em seus pobres cérebros.

Que sucederá?

Sucederá que, ao cabo de alguns anos, digamos mesmo de alguns séculos, essa tribo terá mudado várias vezes o modo de compreender esse Deus.

Mas não se segue daí que toda a tribo, sem exceção de uma só alma, tenha permanecido fiel a cada crença que foi sucedida, e isso com unânime aprovação.

É indubitável, dada a diversidade de mentalidades, que tenham surgido certas divergências no modo de encarar esse Deus e seus atributos, ou mesmo na maneira de cultuá-lo nas sucessivas crenças, resultando dali, então, as exegeses e os cismas que acabaram por dividir esses cultos em outros tantos cultos ou seitas contrários e inimigos, a ponto de se odiarem de morte.

É exatamente o resultado verificado hoje na face desse pobre giroscópio.

Os primitivos povoadores da Terra sentiram que tudo quanto viam devia ser o produto de uma força superior e inteligente e começaram, então, na opinião de alguns historiadores, a simbolizar essa força, já com um disco representando o Sol, como fonte de vida material, já com um tronco de árvore, de onde foram surgindo os esteios da cabana que se transformaram em coluna do Templo, etc.

Pela observação e pelo estudo da natureza, movidas pelas necessidades vitais, as indústrias foram sendo criadas, as artes nasceram, a ciência se manifestou, até se condensar em Academia.

Revelação

Foi então que a religião fora revelada aos mais puros, nascendo dali o Templo, **pois a religião é o suspiro do homem, cuja resposta vem do céu e não da Terra.**

Que tivesse havido essa revelação, está isso sobejamente confirmado por todas as religiões do mundo.

Dupuis não crê na revelação, pois, segundo ele, só a razão humana é que tudo definiu; mas ele não reflete que essa razão, que não é criação do homem, mas sim da razão suprema, que lhe deu em igualdade de grau para raciocinar e tirar conclusões justas e força de comparações, estudos e experiências, é que constitui, de fato, a revelação divina, seja por inspiração ou suposto acaso.

No Manavadarma foi a **Krishna***; nos Vedas, a* **Buda***; no Zenda-Avesta, a* **Zoroastro***; nos livros herméticos, a* **Hermes***; nos Kings, da China, a* **Fo-Hi***, a* **Lao-Tsé***, a* **Confúcio***; no Pentateuco, a* **Moisés***; no Alcorão, a* **Maomé***; no Livro de Jó, ao Pontífice* **Jó***; nos Evangelhos, a* **Jesus***.*
Todos eles afirmam terem recebido a verdade, de Deus mesmo, como a expressão de seus divinos decretos.

Confúcio, príncipe regente, repudiou tudo para dedicar-se ao sacerdócio, quando, aos 50 anos, recebia essa revelação.
Daí a razão de ser religião a síntese da ciência e não o contrário, o que seria absurdo.
Charles Norman*, sábio astrônomo do Observatório de Paris, sintetiza admiravelmente essa Revelação em poucas palavras:*
"Na verdade, parece que nada manifesta a presença mística do divino tanto quanto essa eterna e inflexível harmonia que liga aos fenômenos expressos por leis científicas.
A ciência que nos mostra o vasto Universo, concreto, coerente, harmônico, misteriosamente unido, organizado como uma vasta e muda sinfonia, dominada pela lei e não por vontades particulares, a ciência, em suma, não será uma revelação?"

É certo, e isso não pode sofrer a mais leve refutação, que a crença monoteísta, isto é, a de um só Deus Criador e Todo-Poderoso, existiu desde uma antiguidade pré-histórica e está descrita nos livros anteriormente citados, sendo de notar que os Sastras (livros sagrados da Índia) são anteriores de 1.500 anos aos Vedas que, por sua vez, têm mais de 6 mil anos.

Nos Vedas, **lê-se o seguinte:**
"Deus é aquele que sempre foi; Ele criou tudo quanto existe; uma esfera perfeita, sem começo nem fim é sua fraca imagem. Deus anima e governa toda a criação pela providência geral de seus princípios invariáveis e eternos. Não sonde a natureza da existência daquele que sempre foi; essa pesquisa é vã e criminosa. Basta que, dia a dia, noite a noite, suas obras manifestem sua sabedoria, seu poder e sua misericórdia. Trate de tirar proveito disso."

O rei da Babilônia, Nabucodonosor, orava do seguinte modo:

*"Criador por ti, Senhor, eu te abençoo, tu me deste o poder de reinar sobre os povos segundo tua bondade. Constitui, pois, teu reinado; impõe a todos os homens a adoração do teu nome. Senhor dos povos, ouve minhas preces. Que todas as raças terrestres venham às **portas de Deus**"* **(Babilu = Babilônia).**

Nos antigos livros da China *(nos* **Kings***), encontra-se o seguinte, transcrito pelo imperador Kang-ki e compilado por du Halde, p. 41, da edição de Amsterdã:*
"Ele não teve começo nem terá fim. Ele produziu todas as coisas desde o começo; Ele é quem governa como verdadeiro Senhor; Ele é infinitamente bom e infinitamente justo; Ele ilumina, sustenta e regula tudo com suprema autoridade e soberana justiça."
"Se olharmos os olhos negros dos chineses, **diz Max Muller***, acharemos que ali também há uma alma que corresponde à de outras almas, e que o Deus que ele tem em mente é o mesmo que nos empolga o espírito, apesar do embaraço de sua linguagem religiosa."*

ANEXO II

Os druidas (sacerdotes celtas) *diziam que Deus é por demais incomensurável para ser representado por imagens fabricadas por mãos de homens, e que seu culto não pode ser prestado entre muralhas de um templo; mas, sim, no santuário da natureza sob a ramagem das árvores ou nas margens do vasto oceano.*

Para os druidas, o símbolo da vida e da luz era representado pelo termo **ESUS** *(definição de Leon Denis – Le Génie Celtique et le Monde Invisible).*

Há nesse termo uma curiosa aparência de analogia com o nome que pretendemos estudar neste ensaio.

O deus dos druidas era Be-il, *de onde o* **Baal da Caldeia**, *ao qual juntaram* **Teutalés**, *similar de* **Thoth-Hermes do Egito**.

Foi **São Judicael** *quem no século VII aboliu o Druidismo que ainda existia confinado nas florestas da Brocelianda.*

No Tibete, segundo o padre Huc, *os lamas dizem que:*
"Buda é o ser necessário, independente, princípio e fim de tudo. É o Verbo, a Palavra. A Terra, os astros, os homens e tudo quanto existe são uma manifestação parcial e temporária de Buda. Tudo foi criado por Buda, no sentido de tudo vir dele como a luz vem do Sol. Todos os seres emanados de Buda tiveram um começo e terão um fim; mas, assim como eles saíram necessariamente da essência universal, eles terão de ser reintegrados. É como os rios e as cachoeiras produzidos pelas águas do mar que, após um percurso mais ou menos longo, vão novamente se perder em sua imensidade. Assim, Buda é eterno; suas manifestações também são eternas."

Lê-se no Livro dos Mortos do Antigo Egito:
"Eu sou aquele que existia no Nada; eu sou o que cria; eu sou aquele que se criara por si mesmo. Eu sou ontem e conheço amanhã, sempre e nunca."

O Templo de Sais, *antiga cidade do baixo Egito, trazia gravado em seu frontispício:*
"Eu sou tudo que foi, que é e que será, e nenhum mortal jamais levantou o véu que me encobre." Era o *"Deus Desconhecido"*.

No México, em 1431, o rei Netzahualcóyotl que, quando criança, havia escapado milagrosamente da degolação dos filhos machos, como sucedeu a Moisés, a Jesus e a outros reformadores, conforme veremos mais adiante, mandou construir templos, sendo o mais belo dedicado ao "Deus Desconhecido". Dizia ele que os ídolos de pedra e de madeira, se não podem ouvir nem sentir, ainda menos poderiam criar o céu, a Terra e os homens, os quais devem ser obra de um **Deus Desconhecido**, todo-poderoso, em quem confiava para sua salvação e seu auxílio.

Esse **Deus Desconhecido** do México deve ser o mesmo Deus Desconhecido que Paulo encontrou em Atenas, conforme se vê em Atos XVI, 23.

O ser supremo dos astecas era denominado Teotl; era impessoal e impersonificável; dele dependia a existência humana. Era a divindade de absoluta perfeição e pureza em quem se encontra defesa segura.

Nos Livros de Hermes, escritos há mais de 6 mil anos, encontra-se o seguinte diálogo tido com Thoth, que bem define o espírito moral e intelectual daquelas eras:

"É difícil ao pensamento conceber Deus e à língua de exprimi-lo. Não se pode descrever uma coisa imaterial por meios materiais; o que é eterno não se alia, senão dificilmente, ao que está sujeito ao tempo. Um passa, outro existe sempre. Um é uma percepção do espírito, e outro uma realidade. O que pode ser concebido pelos olhos e pelos sentidos como os corpos visíveis pode ser traduzido pela linguagem; o que é incorpóreo, invisível, imaterial, sem forma, não pode ser conhecido por nossos sentidos. Compreendo, pois, **Thoth, que Deus é inefável**."

Nos mesmos livros, lê-se também o seguinte:

"Desconhecendo nossas ciências e nossa civilização, as gerações futuras dirão que adoramos astros, planetas e animais, quando, de fato, adoramos um **só Deus Criador e Onipotente**."

Na antiga Pérsia, Zoroastro chamava-o de **Mitra**, o Deus Criador, sendo **Orzmud**, o Pai.

No Egito era **Osíris**.
Na Fenícia era **Adonis**.
Na Arábia era **Baco**.
Na Frígia era **Athis**.

Moisés denominou-o de **Jeová**, por assim lhe ter declarado o próprio Deus.

Maomé adora-o sob o nome de **Alá**.

Orfeu, o criador da mitologia grega, considerado por isso, pelos católicos, como o chefe do paganismo, assim se exprime, segundo Justino, o Mártir, em sua obra órfica:

"Tendo olhado o logos divino, assenta-te perto dele, dirigindo o esquife inteligente de teu coração, e galga bem o caminho e considera somente o Rei do Mundo. Ele é único, nascido de si mesmo, e tudo vem de um só Ser." E, como veremos mais adiante, Orfeu conhecia a trindade divina.

Na obra de Apuleio, Metamorfoses, XI, 4, escrita no século II da nossa era, Ísis, a deusa egípcia, declara que ela é a própria divinizada.

Diz ela:

"Eu sou a Natureza, mãe das coisas, senhora de todos os elementos, origem e princípio dos séculos, suprema divindade, rainha das Manes, primeira entre os habitantes do céu, tipo uniforme dos deuses e das deusas. Sou eu cuja vontade governa os cimos luminosos do céu, as brisas salubres do oceano, o silêncio lúgubre dos infernos, potência única, **sou pelo Universo inteiro adorada sob várias formas, em diversas cerimônias, com mil nomes diferentes.**

Os frígios, primeiros habitantes da Terra, me chamam de **Deusa – mãe de Pessinonte**; os atenienses autóctones me nomeiam **Minerva**, a **Cecropana**; entre os habitantes da ilha de Chipre, sou **Vênus de Pafos**; entre os cretenses, armador de arco, sou **Diana Dichina**; entre os sicilianos que falam três línguas, sou **Prosérpina**, a utigiana; entre os habitantes de Elêusis, a antiga **Ceres**, uns me chamam **Juno**, outros **Belone**, aqui **Hécate**, acolá a deusa de **Ramonte**. Mas aqueles que foram os primeiros iluminados pelos raios do Sol nascente, os povos etiópicos, arianos e egípcios, poderosos pelo antigo saber, estes, sós, me rendem um verdadeiro culto e me chamam por meu verdadeiro nome: a rainha Ísis."

Todos os milhares de tribos da África, tanto as do litoral como as das regiões centrais, algumas de difícil contato entre si e ainda menos com o europeu, adoram um Deus Supremo Criador, onisciente, misericordioso e sumamente bom, por isso nunca faz mal à sua criatura, razão *pela qual não lhe prestam nenhum culto, nem lhe dirigem preces, nem procedem a sacrifícios de animais em holocausto.*

"Para definir Deus seria preciso empregar uma língua cujas palavras não pudessem ser aplicáveis às criaturas terrenas."

Os povos da Antiguidade, como ainda hoje os da Índia, do Egito, da China, eram e são profundamente religiosos, e seus atos foram e são pautados por uma incomparável moral.

Não é, pois, possível, tachar-se esses homens ou esses povos de bárbaros, pagãos, ateus ou idólatras sem confessar má-fé ou falta de erudição e, portanto, incompetência para a crítica científica e histórica; e, se fanático possa haver, é decerto aquele que o fizer.

Diz Max Muller:

"Há pessoas que, por pura ignorância das antigas religiões da humanidade, adotaram uma doutrina, menos cristã, certamente, que todas as que se encontram nas religiões antigas. Essa doutrina consiste em considerar todos os povos da Terra, antes do advento do Cristianismo, como ateus e condenados pelo Pai Celeste, que eles não conheceram, e, portanto, sem esperança de Salvação!"

A única base teológica propriamente dita da teologia cristã reside nos primeiros versículos de João que são copiados da teologia pagã.
As ideias dos cristãos são as de Platão, o qual, por seu turno, as bebeu nas filosofias antigas do Egito, de Orfeu, Pitágoras, etc.
Santo Agostinho, doutor da Igreja Católica, reconhece que se encontram em todos os povos do mundo as mesmas ideias que tinham os cristãos sobre Deus, sejam eles platônicos, pitagóricos, atlantas, líbios, egípcios, indianos, persas, caldaicos, scytas, gauleses, espanhóis, etc.; todos possuíam os mesmos princípios teológicos e dividiam igualmente a divindade em três partes. Ele reconhecia que os princípios de Platão e Moisés são idênticos, por terem ambos estudado no Egito, nas obras de Hermes Trismegisto.

COMENTÁRIOS DE ALEXÂNDRE CUMINO:

Ainda explorando o que uma religião absorve das outras religiões para poder nascer, pois essa é a única forma de nascer, é preciso ter genitores como pai e mãe, também parentes como tios, avós, bisavós, tataravôs e outros que estão na origem das origens de cada religião, que muitas vezes podem até remontar a uma origem comum, como é o caso claro e clássico do Judaísmo, Cristianismo e Islamismo.

Em algumas religiões a influência, o sincretismo ou o plágio religioso são mais claros que em outras, muitas vezes não houve a preocupação em adaptar velhas informações a uma nova realidade, nova religião, o que facilita a identificação dos valores herdados, absorvidos ou suprimidos. É fato e não há outro caminho, pois: *"Nada se cria do Nada"*, apenas Deus cria do Nada, no entanto, em algum momento temos a certeza de que, por mais inspiração que haja em religião, para seu nascedouro e manutenção, sua realização e concretização, é obra humana.

No Catolicismo, com um pouco de estudo e pesquisa, se torna muito fácil identificar esses elementos, apenas nos surpreende que nenhuma dessas religiões reconhece que seus valores não são seus originalmente, é de praxe, um costume até, a crítica indistinta a todos os valores que venham de outra religião, esquecendo-se de que quando se diz que Deus é um só, logo o Deus do outro é meu Deus, é o único Deus de todos que adoram a um Deus único. No entanto, quando temos mais de uma pessoa como observador, já não há apenas um ponto de vista.

No livro *Maçonaria – Escola de Mistérios,* **do autor Wagner Veneziani Costa (Madras Editora – 2006), encontramos um ótimo texto sobre este assunto, com o título de "O Plágio Católico", como vemos a seguir:**

Pecado original, venial ou capital, batismo, confissão, comunhão, céu, purgatório e inferno (...) tudo isso foi adaptação feita pelos bispos romanos, que beberam de crenças básicas das religiões antigas, chamadas de pagãs. **Pagão vem de paganu, o homem do campo** *que não possuía religião alguma. Esses campônios serviam de intermediários entre o campo e a cidade e professavam vários credos orientais, fazendo com que o Catolicismo bebesse seus dogmas e ritos.* **A própria missa** *também é* *uma adaptação de cerimônias da Etiópia, do Egito e, ainda hoje, das ilhas da Oceania.*

O báculo, a mitra, a dalmática, o pluvial, o ofício dos dois choros, a salmodia, o exorcismo, o incensório suspenso por cinco correntes, podendo abrir-se ou fechar-se à vontade, as bênçãos dadas com a palma da mão direita sobre a cabeça dos fiéis, o rosário, o celibato eclesiástico, os retiros espirituais, os cultos dos santos, o jejum, as procissões, as litanias, a água-benta, a consagração do pão e do vinho ofertados ao Criador, a extrema-unção, as rezas para os doentes e para os mortos, a manutenção dos mosteiros que honram sua religião, as missões de proselitismo feitas por missionários descalços e desprovidos de dinheiro, **tudo isso foi retirado do culto lamaico do Tibete,** *uma modalidade do Budismo hindu. O ritual, o cerimonial, o aparelhamento católico, nada mais são do que cópias de religiões orientais e do Paganismo, até se sentirem bem fortes para persegui-los em dezenas de sanguinolentas cruzadas, como hereges.*

As medalhinhas de santos e santas são imitações do escaravelho da medalha egípcia hieroglífica.

Lembremos que Moisés, Jesus e outros fundadores de religiões eram TOTALMENTE CONTRA a idolatria; no entanto, a Igreja Católica faz disso seu maior comércio, colocando a cruz como tabuleta de reclame.

Como coisa rendosa para seus cofres, o Vaticano não faz outra coisa senão canonizar santos e santas, e isso aos centos, de uma vez, para economizar cera!

A religião de Cristo também foi fundada como todas as demais, sob o culto do Sol, recebendo as mesmas ideias, as mesmas práticas, os mesmos Mistérios: LUZ E TREVAS (João 1: 5).

Todas as festas do Catolicismo têm semelhança com as do Paganismo.

E o que fizeram os santos bispos e papas (que são representantes legais do Cristo)? Além de copiarem, começaram a deturpar as palavras latinas usadas nas festas pagãs! Vejam alguns exemplos:

Os pagãos adoravam **Baco,** *conhecido pelos latinos como* **Líber.** *Celebravam duas festas, uma chamada urbana, na cidade, e a outra, rústica, nos campos. Para honrar o rei da Macedônia – Demétrio – acrescentaram mais uma, como veremos:*

Demétrio tinha sua corte no Golfo de Tessalônica. Pois bem, desse rei fizeram um mártir desse golfo, no ano 303, e o canonizaram como **São Demétrio.**

Eleutério*, que estabeleceu essas festas com denominação de Festim Dionísio, Festim Eleutério, Festim Rusticum, passou a ser* **Santo Eleutério***, e as festas passaram a chamar-se São Diniz, Santo Eleutério e Santa Rústica!*

O deus **Baco** *tinha uma amante chamada Aura, e o vento plácido personificava a douçura. Desses termos, fizeram Santa Aura e Santa Plácida!*

Os pagãos felicitavam-se com os termos **perpetuum, felicitatum***; os católicos fizeram disso* **Santa Perpétua e Santa Felicidade***!*

No Ano-Novo eles usavam a fórmula: **Quid Faustum Felixque** *sit; os católicos transformaram isso em* **São Fausto e São Félix***!*

Das palavras **Rogare e Donare** *fabricaram* **São Rogaciano e São Donaciano***!*

De Gobineau diz que "a ignorância e mesmo a política apostólica contribuíram para agravar a devoção rústica". Via-se **Júpiter com Thor** *transformado em* **São Pedro***;* **Apolo, em São Miguel***;* **Wodan ou Marte***, em* **São Martinho***; as* **mães célticas** *tornaram-se as* **três Santas Marias***; Ísis, a virgem que deve engendrar, assimilada à* **mãe de Cristo***; e, a coisa mais estranha,* **Buda** *colocado nos altares cristãos com o nome de* **São Josafá***!*

Citando Henri Estienne*, apologista do Catolicismo, lê-se:*

"Há grande conformidade em várias coisas entre os deuses dos pagãos e São Bento, entre as deusas e suas sonatas; não há conformidade da parte dos verdadeiros santos e santas, a fim de que meu dito não seja caluniado; mas sim por parte de seus adoradores. Se bem considerarmos a adoração dos deuses e das deusas pelos pagãos, e a adoração dos santos e santas pelos da religião romana, acharemos completa semelhança, afora o modo de sacrificar. E, assim, do mesmo modo os pagãos se dirigiram a **Apolo ou a Esculápio***, fazendo desses deuses da profissão de medicina e de cirurgia. Católicos não se dirigem também a* **São Cosme e a São Damião***?*

E **Santo Elói***, o santo dos ferreiros, não ocupará a mesma função do deus* **Vulcano***?*

E **São Jorge***, não dão a ele, os católicos, o título que se dava outrora a* **Marte***?*

A **São Nicolau***, não fazem eles a mesma honra que os pagãos faziam ao deus* **Netuno***?*

São Pedro *como porteiro não corresponderá ao deus* **Janus***?*

*Por pouco eles fariam crer ao **Anjo Gabriel** que ele é o deus **Mercúrio**!*

***Pallas** como deusa das ciências não estará representada em **Santa Catarina**?*

*E, em vez de **Diana**, não têm eles **Santo Humberto**, o santo dos caçadores?*

*Idêntico ofício é atribuído a **Santo Estáquio**.*

*E quando vestem **João, o Batista** com pele de leão, não será para ofender à vista o deus **Hércules**?*

*Não se vê comumente **Santa Catarina** com uma roda, como se quisessem representar a **deusa da fortuna**?*

Delfos decidia as questões religiosas fabricando deuses, como Roma fabricava santos."

Ora, quem fala assim é um católico de quatro costados!

Qualquer turista pode constatar que na Capela Sistina do Vaticano, por ordem do papa e pelo genial pincel de Michelangelo, veem-se ali agrupadas as sibilas do Paganismo com os profetas do Catolicismo. É que, naquela época, a Igreja Católica ainda vivia dos ensinos dos invisíveis; invisíveis estes que ainda se manifestam no Vaticano, como acontece com as aparições de Pio X, testemunhadas pelos eclesiásticos ali residentes, de cujas inscrições têm-se conhecido aqui fora, apesar da expressa proibição de Pio XI, de serem divulgados esses fenômenos.

*Se perguntarmos a qualquer pessoa católica qual foi o grande chefe religioso que, segundo as escrituras, nasceu de uma virgem, escapou da degolação dos inocentes, confundiu os sábios pela precocidade de sua ciência, começou pregando aos 30 anos, foi tentado no deserto pelo Diabo, expulsou demônios, deu vista aos cegos, realizou outros atos milagrosos e ensinou a existência de um Deus supremo de luz, de verdade, de bondade, provavelmente essa pessoa responderá imediatamente: **Jesus Cristo**, pois tal é o ensino dos livros sacros.*

*Mas se a mesma pergunta for feita para um persa, ele também responderia de imediato: **ZOROASTRO**, pois assim foi a vida desse reformador e o ensino do Avesta que existiu milhares de anos antes de Cristo.*

Os maniqueístas têm bispos, patriarcas, anciãos, batismo, eucaristia, jejum, ofício com orações cantadas, comemoração anual da morte do seu fundador – Mani –, tal como Cristo.

A Igreja Católica, pela pena de São João Damasceno, na lenda de Barlaão e Josafá, que também foi copiada do Ramayana, no século XVII, e da qual La Fontaine fez a fábula dos Patos do Mano Philippe, tomou a virtude búdica como modelo de santidade e, como tal, aceita e aprovada por Gregório XIII, Xisto V, Urbano VIII, Alexandre VII e Pio IX. Tirou igualmente do Apólogo Búdico, por parábolas e contos, fartos exemplos de moral que foram introduzidos nos seguintes livros da Igreja Romana: Gesta Romanorum, Vida Sanctorum, Vida Patrum, Disciplina Clericales, etc.

No rito xintoísta, verifica-se uma completa semelhança com o culto católico. Assim: benzer pedra fundamental, consagrar casa nova, exorcismo para afastar o espírito da raposa, venda de amuletos, água-benta para a cura de doenças, assistência aos moribundos e preces ante o defunto, preces para chover, preces para ganhar a vitória em combates, culto dos mortos, etc.

Segundo sérios estudos, o Budismo foi escrito cerca de 1.300 anos antes de Cristo. É originado do Bramanismo, religião de Rama (Ba-Rama, Brahma) e foi implantado na Índia, na Pérsia e no Egito, oriundo provavelmente da Atlântida, por se encontrarem vestígios na América, no México, no Norte europeu e na própria África.

COMENTÁRIOS DE ALEXÂNDRE CUMINO:

Mais ainda pode ser dito sobre a questão de sincretismo entre divindades ou entre culturas em que uma absorve as divindades da outra, o que é uma necessidade quando tal divindade é muito popular. Gostaria de lembrar algumas questões da cultura hindu, que é vastamente povoada por divindades, onde aparece em sua história o episódio do povo Ária (arianos) de pele branca que invadiu e dominou uma região que era predominantemente ocupada pelo povo Drávida de pele negra. Os árias trouxeram toda uma cultura, trouxeram a escrita e com ela os textos sagrados dos Vedas em que estão os fundamentos e base de toda a religiosidade hindu. Encontramos nos Vedas e também nos contos épicos como *Mahabharata* e *Ramayana*, histórias, contos, lendas e mitos (mitologia) que envolve todo um panteão de divindades. O que é curioso nesse panteão é a diversidade de apresentação dessas divindades. Acredita-se que essa diversidade pode ter sido ocasionada pela absorção da cultura drávida pela ariana, na qual as divindades que trazem a forma animal podem ter sido de origem drávida que seria um povo mais xamânico, mais ligado à terra e aos animais. O mesmo exemplo vemos na prática do yoga, que tem no hata yoga muitas posições identificadas com nomes de animais, como posição da cobra (Bhujangásana), gafanhoto (Shalabhásana), peixe (Matsyásana), pavão (Mayurásana), leão (Simhásana) e outras que traduzem um xamanismo drávida na busca do poder desses animais ou em despertar todos esses animais interiores por meio das posturas, ássanas, que trabalham a energia, potência e espiritualidade por intermédio da experiência advinda da prática. Pode-se ainda observar a variação de tons de pele das divindades, lembrando que o homem costuma construir a divindade à sua imagem e semelhança, encontramos Kali de pele negra, o que leva a crer de forma imediata em sua origem em meio ao povo negro, conquistado, e sua permanência entre o povo conquistador dados suas qualidades e atributos muito fortes, sem esquecer que o dominador não consegue expulsar totalmente o dominado, surgindo sim uma raça que traz um tom de pele pardo, nem branco nem negro, como uma cor de tabaco, a cor do indiano. Muitos drávidas se refugiaram mais ao sul da Índia onde sua cultura ancestral, mágica e xamânica é mais forte. Também encontramos Shiva e Krishna com pele azul que diz respeito à cor do céu que é Ele, no entanto muitos acreditam que esse azul teria sido negro em outros tempos. A intenção aqui é mostrar como esse processo passa a ser algo natural em religião e uma tendência entre culturas.

Inclusive os fundamentos mais marcantes de uma religião passam a predominar na outra, como a ideia de trindade que entre os cristãos passou a ser:

PAI
FILHO
ESPÍRITO SANTO

Aqui os três têm conotação masculina como é a Igreja Cristã Romana, que na falta de uma mãe na trindade exaltou essas qualidades em Maria, quando percebeu que estava perdendo muito em qualidade por extirpar o arquétipo feminino, tão importante quanto o masculino.

A questão que se torna interessante é que no Cristianismo primitivo o Espírito Santo era considerado feminino, assim como no Judaísmo é presente essa visão em Shekná, o lado feminino de Deus.

Logo a trindade seria Pai, Filho e Mãe, exatamente como nos panteões chamados pagãos, como:

Pai Céu, Mãe Terra e filho homem, semideus ou uma divindade.

Na cultura Grega:
Zeus, Hera e Apolo

Na cultura Romana:
Júpiter, Juno e Febo

Na cultura Egípcia:
Osíris, Ísis e Hórus

Na cultura Hindu:
Shiva, Parvati e Ganesha

Ainda na cultura hindu encontra-se a trimurti, composta por Brama, Vishnu e Shiva, três divindades masculinas que se completam com sua "contraparte feminina" Sarasvati, Lakshimi e Parvati.

Na cultura nativa:
Sol, Lua e o homem

Em todas as culturas encontraremos essa trindade, que foi absorvida e adaptada ao Cristianismo. Podemos ainda falar dos vários textos bíblicos do Antigo Testamento, que nada mais são que traduções ou adaptações de textos sumerianos, babilônicos, fenícios, acadianos e outros, como a história do dilúvio, dos anjos, dos dez mandamentos, etc.

Também encontraremos a mesma ocorrência no Novo Testamento, no qual a virgindade de Maria é como a da mãe de Krishna que tem nascimento, vida e até o nome muito parecidos com o do Cristo. Mitos são tão fortes que se constroem e se renovam para as religiões, como o mito do salvador que dá sua vida por nós ou pela causa maior, o mito do herói que vai à guerra, o mito do humilde que transcende o sofrimento, o mito do perseguido e caluniado, o mito do grande Pai ou da Deusa. Mitos se repetem e constroem o perfil e o caráter de uma sociedade. Mitos são de vital importância; mesmo que Jesus tenha existido e sua vida seja o que está relatado na Bíblia, nunca deixará de ser um mito muitas vezes antes repetido em outras culturas com outros nomes.

A Bíblia não é um livro de história, é um livro de sentido religioso, material teológico, apenas um fundamentalista lê seus textos como se fossem fatos históricos ou a verdade última escrita diretamente por Deus. Embora seja fato a presença de Mitos e Lendas entre alguns acontecimentos históricos. Sem falar dos interesses políticos das instituições religiosas que manipulam informações e trabalham muito bem a questão do mito e arquétipo, para manter seu rebanho sob controle. As grandes religiões sabem que o homem é carente de um salvador, carente de uma força maior, carente de amor, carente de autoestima e, claro, carente de heróis, e muitas vezes todos esses atrativos são manipulados. Aqui entra o lado humano que não têm limites de escrúpulo, ética ou bom senso.

Só esse assunto daria um ótimo livro de interesse para todos nós, estudiosos e pesquisadores da teologia, teogonia, religiosidade, religião, mitologia, espiritualidade e afins, como uma "ciência divina", que muitas vezes não passa de uma "Divina Comédia", como diria o não menos erudito Dante Alighieri, que também nos deixa um legado que pode ser incluído nesse campo de comparações com muito êxito.

Na cultura chinesa, também podemos citar que da influência do Taoismo sob o Budismo nasceu o que chamamos de Zen-Budismo, em que filosoficamente estão presentes muitos conceitos do Taoismo.

Para muitos, a cultura africana de Orixás pode ser uma adaptação da cultura africana egípcia, ou seja, muitos creem que sendo mais antiga, a cultura egípcia pode ter dado origem à nagô-yorubá, no culto de Orixá que traz muitas semelhanças entre as divindades, o que pode ser conferido no capítulo sobre as divindades.

Seria ainda curioso ressaltar as coincidências e semelhanças das pirâmides maias e egípcias.

A esfinge egípcia se aproxima muito da ideia de querubim, na cultura judaica, em que ele não tem a forma de uma criança e sim de animais como o touro, a águia ou o leão, entre outros.

Isso sem repetir que as divindades de um panteão se tornam "demônios" facilmente na cultura de uma nova religião, que a domine com intuitos destrutivos.

Um exemplo fácil é a divindade mãe sumeriana Astarte, que se tornou o demônio Astoré. Ou mesmo a perseguição atual de alguns grupos fanáticos que insistem em chamar de "demônios" as divindades alheias e entidades guias, espíritos que militam em outras religiões. Como os Orixás da Umbanda e do Candomblé ou mesmo o Exu Tranca-Ruas, que é um protetor na religião de Umbanda e é chamado de, você sabe o quê, entre grupos de fanáticos que mais falam do "tinhoso" ("capeta", "coisa ruim", "chifrudo"...) do que de Deus. E assim caminha a humanidade dentro das culturas e doutrinas religiosas, nas quais nada se cria e tudo se copia, ou melhor, se transforma.

MADRAS® Editora

Para mais informações sobre a Madras Editora, sua história no mercado editorial e seu catálogo de títulos publicados:

Entre e cadastre-se no site:

www.madras.com.br

Para mensagens, parcerias, sugestões e dúvidas, mande-nos um e-mail:

marketing@madras.com.br

SAIBA MAIS

Saiba mais sobre nossos lançamentos, autores e eventos seguindo-nos no facebook e twitter:

@madrased

/madraseditora